교과서에 나오는
고사성어 익힘책 3
故事成語 (문제집)

새우와 고래가 함께 숨 쉬는 바다

교과서에 나오는
고사성어 故事成語
익힘책 3 (문제집)

엮은이 | 김광남
펴낸이 | 황인원
펴낸곳 | 도서출판 창해

신고번호 | 제2019-000317호

초판 1쇄 인쇄 | 2025년 04월 22일
초판 1쇄 발행 | 2025년 04월 29일

우편번호 | 04037
주소 | 서울특별시 마포구 양화로 59, 601호(서교동)
전화 | (02)322-3333(代)
팩스 | (02)333-5678
E-mail | dachawon@daum.net

ISBN | 979-11-7174-039-0 (14190)
ISBN | 979-11-7174-036-9 (전3권)

값 · 16,800원

ⓒ 김광남, 2025, Printed in Korea

Publishing Club Dachawon(多次元)
창해·다차원북스·나마스테

고사성어는 지혜의 등불, 언어의 소금!

교과서에 나오는
고사성어

故事成語

익힘책 3
(문제집)

창해

이 익힘책은 인문정신으로 가는 첫걸음

위대한 역사가 사마천은 3천 년을 다룬 역사서 《사기》를 통해 언어, 즉 말과 글의 중요성을 무척이나 강조했습니다. 사마천은 풍자와 유머스러운 말로 권력자의 잘못에 대해 충고했던 연예인의 일화를 다룬 〈골계열전〉 첫머리에서 "말이 아주 잘 들어맞으면 다툼도 해결할 수 있다"고 했습니다. "말 한마디로 천 냥 빚을 갚는다"는 우리 속담을 떠올리게 하는 명언입니다.

한나라 때 학자 양웅(揚雄, 기원전 53~기원후 18)은 대표적인 저서 《법언(法言)》〈문신(問神)〉 편에서 "말은 마음의 소리요(언심성야言心聲也), 글은 마음의 그림(서심화야書心畵也)이다"라는 참으로 기가 막힌 명언을 남겼습니다.

훗날 서예가들과 학자들은 이 대목을 빌린 다음 한 글자만 바꾸어 '언위심성(言爲心聲), 서위심화(書爲心畵)'로 표현합니다. 뜻은 같습니다. 양웅은 이 대목 바로 다음에 "소리(말)와 그림을 보면 군자와 소인이 드러난다(성화형聲畵形, 군자소인현의君子小人現矣)"고도 했습니다.

말과 글이 오염된 시대를 살고 있습니다. 말과 글이 이렇게 오염된 가장 근본적인 원인은 인문학 공부의 부족 때문입니다. 좁혀 말하자면 좋은 말을 듣지 않고, 좋은 글을 읽지 않는다는 것이지요.

특히 독서의 부족과 손으로 직접 쓰면서 생각하지 않는 공부가 결정적입니다. 주로 영상을 통한 저질 정보와 세상을 어지럽히는 천박한 말과 글에 중독되어 있습니다. 사람들은 힘든 삶에 짜증을 내며 갈수록 자극적인 말과 글에 마음이 홀립니다. 이럴 때일수록 차분

한 말과 글, 그리고 좀 더 깊은 생각이 필요합니다. 스스로를 저질과 천박이라는 불결한 늪에 빠뜨릴 까닭이 무엇일까요?

저는 늘 '말의 격, 즉 언격(言格)이 인격(人格)이고, 그 사람의 말과 글이 품격(品格)을 결정합니다'라고 말합니다. 평소 쓰는 그 사람의 말이 곧 그 사람이 어떤 사람인지를 보여준다는 뜻이지요.

이번에, 화순인문학교육협회 김광남 회장께서 초·중·고 교과서에 수록된 고사성어 189항목을 모아 익힘책을 만들었습니다. 뜻깊은 고사성어 189개의 뜻풀이, 의미, 출처, 중국어 발음 등을 알기 쉽게 정리했습니다. 특히, 손으로 직접 써볼 수 있는 칸을 만들어 독자들이 고사성어의 뜻과 의미를 생각하면서 직접 써볼 수 있게 배려했습니다.

여기에 심화학습 칸과 해당 고사성어를 어디에 어떻게 활용하면 좋을까 생각해 볼 수 있는 기회까지 마련했습니다. 독자들은 눈으로 보고, 입으로 읽고, 손으로 직접 써보면서 각각의 고사성어들이 갖고 있는 의미와 좋은 정보를 얻어 갈 수 있습니다. 여기서 한 걸음 더 나아가 심화학습(Deep Learning)을 통해 각각의 고사성어에 들어 있는 흥미롭고 유익한 옛이야기, 즉 고사(故事)를 찾아서 공부하기를 권합니다.

사실, 꾸준한 공부는 지루하고 많이 힘듭니다. 하지만 이 과정을 거치면 훨씬 나은 사람이 될 수 있습니다. 읽고, 쓰고, 생각하고, 찾고, 탐구하는 공부는 지금처럼 급변하는 세상을 보다 슬기롭게, 사람답게 살아갈 수 있는 힘이 됩니다.

최근 전 세계를 깜짝 놀라게 만든 중국의 오픈AI 딥시크(Deep Seek)의 중국 이름은 '심도구색(深度求索)'입니다. 깊게 헤아리고 끝까지 탐구한다는 뜻입니다. 가장 앞서가는 과학 분야의 이름이지만 그 이름 안에는 인문정신이 충만합니다. 어떤 과학 기술도 인문정신이 뒷받침되지 않으면 인간을 해치는 무기가 되기 쉽습니다.

여러분들이 손에 든 이 익힘책은 그런 인문정신으로 가는 첫걸음이 될 것입니다. 즐거운 마음으로 공부하십시오. 공자의 말씀대로 즐기는 사람에게 당할 사람은 없답니다.

2025년 3월
한국사마천학회 김영수 교수 드림

고사성어 학습의 첫걸음은
그 의미를 이해하고 삶 속에서 활용하는 것

고사성어(故事成語)는 단순한 한자 숙어가 아닙니다. 그것은 시대를 넘어 인간의 지혜와 경험이 응축된 정신적 유산입니다.

이러한 고사성어를 단순한 암기가 아니라 실용적 사고의 도구로 활용할 수 있도록 돕는 책이 바로《교과서에 나오는 고사성어 익힘책》입니다.

이 책은 한국사마천학회 김영수 이사장의 《알고 쓰자 고사성어》의 실용서로써, 초·중·고 교과서에서 자주 등장하는 고사성어를 중심으로 실생활에서 활용할 수 있도록 구성되었습니다. 단순한 뜻풀이를 넘어 출전과 역사적 맥락을 깊이 탐구하며, 필사와 심화학습, 그리고 익힘 문제를 통해 독자들이 자기 언어로 내면화할 수 있도록 돕습니다.

무엇보다 이 책이 더욱 의미 있는 이유는, 한국의 변방이라 할 수 있는 전남 화순에서 청소년과 지역 주민들에게 인문학의 향기를 피우고 있는 저자 김광남 회장의 헌신과 노고가 담겨 있기 때문입니다.

화순인문학교육협회 회장이자, 시니어인재개발원 화순지부의 복합문화공간 〈터〉를 운영하는 그는, 인문학을 통해 지역과 세대를 연결하며 배움의 기쁨을 전하고 있습니다. 그의 열정과 노력이 있었기에, 이 책은 단순한 학습서를 넘어 시대를 관통하는 지혜의 길잡이가 될 수 있습니다.

고사성어 학습의 첫걸음은 그 의미를 이해하고 삶 속에서 활용하는 것입니다.

이 책이야말로 그 여정을 위한 든든한 동반자가 되어줄 것입니다. 저자인 김광남 회장의 귀한 노력이 많은 이들에게 널리 전해지기를 바라며, 이 책의 출간을 진심으로 축하드립니다.

2025년 3월
박영하(한국시니어인재개발원 이사장, 교육학 박사)

어렵게만 느껴지는 한자를 보다 '쉽고 재밌게' 접근시킨 책

'나비 효과'를 기대하며

사람이 아름다운 고장 화순에는 전국 최초로 민간인 주도의 '화순인문학교육협회'가 만들어졌고, 그 주된 사업 중의 하나가 학생들을 대상으로 하는 인문학(人文學) 교육, 특히 '한자 교육'을 무료로 시행하고 있습니다. 그리고 초·중·고등학교의 국어와 문학을 비롯한 전 교과목 교과서에 나타난 사자성어(四字成語)와 고사성어(故事成語)를 정리하고 알기 쉽게 해설한《알고 쓰자 고사성어(도서출판 창해, 김영수 지음)》라는 책이 출판되었으며, 이 책을 바탕으로 2024년 11월에는 화순군 관내 전체 초·중·고교생을 대상으로 '제1회 화순군 청소년 고사성어 경연대회'를 개최하여 학생과 학부모들에게 큰 호응을 받았습니다. 그리고 차제에 어렵게만 느껴지는 한자를 보다 '쉽고 재밌게' 접근하고 주지시키기 위하여《교과서에 나오는 고사성어 익힘책》을 발간하게 되었으니, 이 책은 물론 고사성어 경연대회가 전국적으로 확산되기를 기대합니다.

왜 잘못된 '한글 전용'으로 어린 학생들이 피해를 보아야 합니까?

최근 뉴스를 비롯한 각종 언론에서 학생들은 물론 성인들에게 이르기까지 '문해력(文解力 ; 글을 읽고 이해하는 능력) 추락' 문제를 심심치 않게 다루고 있습니다. 그리고 이 문제의 심각성을 강조하기 위하여 실생활에서 일어나는 여러 가지 실례를 들어 설명하는 것을 보면 씁쓸함을 넘어 화가 납니다. 몇몇 전문가들마저도 이 문제의 근본 원인과 해결 방법을 알고 있으면서도 외면하고 변죽을 울리며 책임을 회피하는 '그럴듯한 말장난(?)', 격화소양(隔靴搔癢 ; 신을 신고 발바닥을 긁음)으로 일관하고 있습니다. 한글 전용론자들과 한자 병용론자들의 논쟁에는 타협과 양보가 없는 우리 사회의 극단적인 일면을 보여주고 있습니다. 그런 사이에 우리 학생들에게만 문해력 추락의 책임을 돌리고 있습니다. 성인들을 포함한 학생들은 소위 '한자 비교육세대'라고 변명(?)에 급급하게 하고 있습니다.

한글은 지상 최고의 문자입니다. 그러나 언어문화는 '쇠뿔'이 아닙니다.

현재 우리 사회의 위기 두 가지를 들라고 하면 첫째는 '인문학(人文學)의 위기'이고, 다른 하나는 바로 서두에서 말한 '문해력(文解力)의 위기'입니다. 화순인문학교육협회에서는 이 두 가지 위기를 동시에 해결할 일석이조(一石二鳥)의 효과를 거두고자 합니다. 한글의 우수성을 부정하거나 폄훼하려는 것이 아닙니다. '쇠뿔은 단김에 뽑아야 한다.'는 속담이 있습니다. 그러나 언어문화는 결코 쇠뿔이 아니니, 쇠뿔을 바로 잡으려다 소를 죽이는[교각살우(矯角殺牛)] 누를 범하지 말아야 합니다. 국어사전의 단어 70%는 한자어(漢字語)라는 사실을 외면하지 말아야 합니다. '교과서에 나오는 고사성어 익힘책'의 발간이 작은 디딤돌이 되기를 간절히 바랍니다.

2025년 3월 '삼지재(三芝齋)한문학연구실'에서
양현승(문학박사, 전 국민대학교 교수)

책을 펴내며

"천 리 길도 한 걸음부터(千里之行始於足下)"

무슨 일이나 그 일의 시작이 중요하다는 의미로, 작은 실천의 힘이나 목표를 향한 지속적인 노력을 강조하는 고사성어(故事成語)입니다. 거대한 성취도 결국은 작은 한 걸음에서 시작되며, 꾸준한 노력이 쌓여야 비로소 결실을 맺을 수 있습니다.

이처럼 독자 여러분이 이 책을 통해서 고사성어의 세계로 내딛는 첫걸음은, 단순한 어휘력 향상을 넘어서 앞으로 여러분의 삶에서 다양한 도전 과제를 극복하는 데 필요한 정신적 지침이자, 지혜의 등불이요, 언어의 소금이 되어줄 것입니다.

먼저, 《교과서에 나오는 고사성어 익힘책》은 《알고 쓰자 고사성어》(도서출판 창해, 김영수 지음)의 실용서임을 독자분들께 알려드립니다. 이 책은 초·중·고 교과서에 자주 등장하는 고사성어를 중심으로 구성하여 초·중·고 학생들의 교과 학습은 물론 어휘력, 문해력, 독서력 증진에 큰 도움을 줄 것이며, 또한 '인문고사성어지도사(교육부 인증 민간자격증)' 취득에 대비하는 교재로도, 나아가 성인들의 일상생활에서 언어의 품격을 한층 높이는 데 기여할 것입니다.

특히, 1권과 2권에서는 각 '고사성어의 간단한 뜻풀이', '고사성어가 지니는 의미', '교과서 출처', '원전 또는 출전' 등의 정보를 제공하여 고사성어 익힘책으로써 활용할 수 있는 핵심 내용을 담았습니다.

또한 독자들이 고사성어 의미를 되새기며 필사하면서 한 번 더 생각하고, 오래 기억할 수 있도록 쓰기 공간을 최대한 많이 확보했습니다. 더 나아가 '심화학습'을 통해 실제 생활에서 고사성어를 어떻게 시의적절하게 사용할지를 생각하고, 작문하고, 말할 수 있는 다양한 질문을 함께 제공함으로써 고사성어가 단순한 학습 대상이 아니라 재미있고 흥미로운 탐구 대상이 될 수 있도록 구성하였습니다.

3권에서는 전문 교수님들이 출제한 고사성어 '익힘문제', 그중에서 양질의 문제들을 엄선하여 재구성한 '연습문제', 그리고 화순인문학교육협회, 한국사마천학회 인문고사성어 교육연구소가 개최한 2024년 '제1회 화순군 청소년 고사성어 경연대회'의 지필고사 및 골든벨 대회에서 실제 출제된 '기출문제'를 담아서, 독자들이 다양한 문제 풀이를 통한 학습 점검 및 반복 학습이 가능하도록 하였습니다.

고사성어는 그냥 단순한 옛말이 아닙니다. 그것은 오랜 세월 동안 전해 내려오며 사람들의 삶 속에서 축적된 지혜의 결정체입니다. 시대가 변해도 변하지 않는 삶의 원칙과 교훈이 담겨 있으며, 우리가 어떻게 생각하고 행동해야 하는지를 가르쳐줍니다.

하여(何如), 고사성어를 배우고 익히는 것은 단순히 새로운 단어를 습득하는 것이 아니라 인생을 살아가는 지혜를 배우는 것과 다름없습니다. 여러분도 이 책을 통해 고사성어의 세계로 한 걸음씩 정진하면서 그 속에 숨겨진 가치를 발견하는 즐거움을 느껴보시길 바랍니다.

끝으로 책이 나오기에 많은 조언과 도움을 주신 한국사마천학회 김영수 교수님과 도서출판 창해 황인원 대표님께, 그리고 제1회 고사성어 경연대회에서 기꺼이 출제 및 심사위원을 맡아주신 양현승 교수님, 최동규 교수님, 정연우 교수님, 유영 교수님과 절강대학 김요섭, 서강대학 손문영 군에게도 참으로 감사함을 표하며, 또한 지금까지 화순인문학교육협회에 후원을 아끼지 않으시는 이사님들과 회원님들, 지승규 원장님, 구난영 원장님, 그리고 물심양면으로 늘 지지해주시는 서순복 교수님과 정현석 후원회장님, 사랑하는 가족에게도 지면을 빌려 진심으로 고마움을 전합니다.

작년 11월 7일. 뜻하지 않은 교통사고를 당한 이후로 새로운 삶을 허락하시고 인도하시는 에벤에셀 하나님께 감사드리며 지금까지 지내온 것 주의 크신 은혜임을 고백합니다.

호학심사심지기의(好學深思心知其意)

고사성어, 그 속에 숨겨진 지혜의 보물 창고를 지금 열어보시길 바랍니다. 감사합니다.

2025년 봄날, 만연학당에서
萬淵 김광남 올림

《교과서에 나오는 고사성어 익힘책 1, 2권》에 나오는 189개 고사성어 전체 목록

고사성어	뜻풀이	의미
1. 가화만사성 家和萬事成	집안이 화목(和睦)하면 모든 일이 잘 이루어진다.	집안의 화목이 가정뿐만 아니라 인간관계, 사회관계에 영향을 미친다는 점을 강조한 성어.
2. 감언이설 甘言利說	달콤하고 이로운 말.	귀가 솔깃하도록, 또는 마음이 움직이도록 비위를 맞추거나 이로운 조건을 들어 꾀는 말.
3. 개과천선 改過遷善	잘못을 고치고 착하게 변하다.	지난 잘못이나 허물을 고치고 바르고 착하게 변한 것을 말한다.
4. 거어고미내어방호 去語固美來語方好	가는 말이 고와야 오는 말이 곱다.	자신이 하기에 따라 상대의 반응이 결정된다는 비유
5. 견강부회 牽强附會	억지로 끌어다 갖다 붙임.	말도 안 되는 논리를 어거지로 끌어다가 자기주장의 근거로 삼는 것을 비유.
6. 견물생심 見物生心	물건을 보면 마음이 생긴다.	갖고 싶어 하던 물건을 눈으로 직접 보면 갖고 싶은 마음이 생김.
7. 결자해지 結者解之	묶은 사람이 푼다.	자신이 한 일이나 만든 일은 자신이 해결해야 한다는 것을 비유.
8. 결초보은 結草報恩	풀을 묶어 은혜에 보답하다.	은혜를 베푼 은인이 전투에서 위기에 처하자 풀을 묶어 매듭을 만들어 적의 수레와 말이 걸려 넘어지게 하여 위기를 벗어나게 했다는 고사에서 나온 성어.
9. 경거망동 輕擧妄動	가볍게 멋대로 행동하다.	도리나 사정을 생각하지 않고 함부로 가볍게 말하고 행동한다는 뜻.
10. 계포일낙 季布一諾	계포의 한 번 승낙(약속)	한 번 한 약속한 것은 반드시 지키는 계포의 신의를 통해 약속의 중요성을 강조한 성어.
11. 고군분투 孤軍奮鬪	외로운 군대가 온 힘을 다해 싸우다.	후원도 없이 고립된 상황에서 온 힘을 다해 싸우는 것을 비유하거나 홀로 여럿을 상대로 힘겹게 싸울 때도 사용.
12. 고식지계 姑息之計	당장 편한 것만 택하는 꾀	주로 근본적인 해결책이 아니라 당장 쉽고 편한 방법이나 임시로 꾸며내는 계책을 비유하는 성어.

13. 고장난명 孤掌難鳴	손바닥 하나로는 소리가 나지 않는다.	손바닥으로 소리를 내려면 두 손바닥을 마주쳐야 한다. 혼자 힘으로 일을 해내기 어려운 경우를 비유.
14. 고진감래 苦盡甘來	고생이 다하면 좋은 날이 온다.	우리 속담처럼 되어 버린 '고생 끝에 낙이 온다'가 바로 '고진감래'다. 어렵고 힘들더라도 견디며 최선을 다하면 좋은 결과를 얻을 수 있다는 뜻.
15. 공문십철 孔門十哲	공자 문하 10인의 뛰어난 제자.	공자의 제자들 중 각 방면에서 뛰어난 재능을 보인 10명의 제자를 일컫는 말.
16. 공중누각 空中樓閣	공중에 지은 누각.	공중에 지은 집처럼 근거나 토대가 아주 없는 사물이나 생각을 비유하는 성어.
17. 과유불급 過猶不及	지나친 것과 미치지 못한 것은 같다.	사람이나 사물이 지나치거나 모자라 균형을 잃으면 안 된다는 뜻.
18. 관포지교 管鮑之交	관중과 포숙의 사귐(우정).	춘추시대 제나라의 관중과 포숙의 참된 우정을 나타내는 가장 대표적인 사자성어로 2,700년 동안 전해옴.
19. 광음여류 光陰如流	세월(시간)이 흐르는 물과 같다.	시간이 아주 빠르게 지나가는 것을 비유하는 성어.
20. 교각살우 矯角殺牛 교왕과정 矯枉過正	소뿔을 바로잡으려다 소를 죽이다. 굽은 것을 바로잡으려다 도가 지나치다.	작은 흠이나 문제를 고치려다가 도리어 일을 그르치는 것을 비유하는 성어.
21. 교우이신 交友以信	믿음으로 벗을 사귀어라.	벗을 사귈 때는 서로 믿음을 바탕으로 삼아야 한다는 뜻으로 신라 화랑도 '세속오계'의 하나.
22. 교학상장 教學相長	가르침과 배움이 함께 성장한다.	가르치면서 배우고 배우면서 가르치면 서로 성장할 수 있다는 뜻.
23. 구상유취 口尚乳臭	입에서 아직 젖내가 난다.	언행이 여전히 유치하다는, 즉 상대를 낮춰보는 비유.
24. 국사무쌍 國士無雙	나라에 둘도 없는 인재.	조직이나 나라의 운명을 좌우할 정도로 대단한 국가급 인재를 비유.
25. 군계일학 群鷄一鶴	닭 무리 속의 학 한 마리	평범한 사람 여럿 중에 뛰어난 한 사람이 섞여 있음을 비유.
26. 권선징악 勸善懲惡	좋은 일은 권하고 나쁜 일은 징계함.	역사 서술 태도로 좋은 일이나 착한 사람은 표창하고, 나쁜 일이나 간신들은 징벌해야 한다는 '춘추필법(春秋筆法)'의 하나.
27. 금란지계 金蘭之契	쇠와 난초의 맺음.	단단한 쇠와 향기로운 난초처럼 오래도록 변치 않고 아름다운 우정을 비유.

28. 금시초문 今時初聞	지금 처음 듣는 이야기.	이전에는 들어보지 못한 이제 막 처음으로 듣는 소리를 나타내는 사자성어.
29. 금의야행 錦衣夜行	비단옷을 입고 밤길을 다니다.	어떻게든 자랑하지 않으면 생색이 나지 않음을 비유하는 성어로 조롱의 뉘앙스.
30. 기고만장 氣高萬丈	기가 만 길이나 뻗치다.	오만함이 하늘을 찌를 정도라는 비유.
31. 난공불락 難攻不落	공격하기가 어려워 함락되지 않는다.	맞서는 힘이 워낙 강해 상대하기 어렵거나 또는 그런 상대를 가리키는 성어.
32. 난형난제 難兄難弟	형이라 하기도 아우라 하기도 어렵다.	두 사물이나 사람이 비슷하여 낫고 못함을 가리기 어렵다는 것을 비유.
33. 낭중지추 囊中之錐	자루 속 송곳.	끝이 뾰족한 송곳은 자루 속에 들어 있어도 언젠가는 자루를 뚫고 나오듯이 뛰어난 재능을 가진 인재는 눈에 띄기 마련이라는 비유.
34. 노심초사 勞心焦思	몸은 지치고 애를 태우다.	몸과 마음이 힘들고 마음은 초조하여 애가 타는 모습을 비유.
35. 농부아사침궐종자 農夫餓死枕厥種子	농부는 굶어죽을지언정 그 씨앗을 베고 눕는다.	농사를 짓는 농부에게 종자는 생명과 같아 굶어서 죽더라도 씨앗은 먹지 않는다는 것을 표현한 우리 속담.
36. 누란지위 累卵之危	층층이 쌓은 알의 위태로움.	곧 무너질 것 같은 아슬아슬한 위기 상황을 비유.
37. 다다익선 多多益善	많으면 많을수록 좋다.	오만한 성격을 비유하는 성어라는 점에 유의할 필요.
38. 다재다능 多才多能	재주와 능력이 많다.	여러 방면에서 남다른 재능을 가진 사람을 비유.
39. 다정다감 多情多感	정이 많고 감정이 풍부하다.	사물이나 사람에 대해 애틋한 정이 많고 느낌이 풍부함을 일컫는 성어.
40. 단기지계 斷機之戒	베틀 북을 끊는 경계.	공부를 게을리한 어린 맹자를 깨치게 하려고 베틀 북을 끊어버린 맹자 어머니의 고사.
41. 담호호지담인인지 談虎虎至談人人至	호랑이를 말하면 호랑이가 오고, 사람을 말하면 그 사람이 온다.	얘기를 하는 데 공교롭게 그 사람이 나타나는 것을 비유하는 우리 속담으로 당사자가 없다고 말을 함부로 하지 말라는 경계의 뜻.
42. 당랑거철 螳螂拒轍	사마귀가 수레를 막아서다.	자기 힘은 생각하지 않고 강한 상대에게 무모하게 대드는 행위를 비유.
43. 대기만성 大器晩成	큰 그릇은 늦게 이루어진다.	크게 될 인재는 오랜 단련이 필요하므로 인재로 성장하는 데 시간이 걸린다는 비유.

44. 대의명분 大義名分	큰 의리와 명분.	사람으로서 마땅히 지켜야 할 도리나 본분.
45. 도원결의 桃園結義	복숭아나무 동산에서 의형제를 맺음.	유비, 관우, 장비가 의형제를 맺은 고사를 나타내는 성어.
46. 독목불성림 獨木不成林	나무 한 그루로는 숲을 이룰 수 없다.	혼자서는 힘이 부쳐 누군가 도와야 큰일을 할 수 있음을 비유.
47. 동가홍상 同價紅裳	같은 값이면 붉은 치마.	같은 조건이라면 보기 좋은 것을 갖고 싶어 하는 심리를 비유.
48. 동고동락 同苦同樂	괴로움과 즐거움을 함께한다.	어려울 때나 좋을 때나 늘 같은 마음으로 함께 도우며 살아가는 사이를 비유.
49. 동문서답 東問西答	동쪽을 묻는데 서쪽으로 답한다.	묻는 것에는 아랑곳 않고 엉뚱한 답을 말하는 것을 비유.
50. 동병상련 同病相憐	같은 병을 앓는 사람끼리 서로 가엾게 여긴다.	같은 처지에 놓인 사람들끼리 서로 불쌍히 여겨 돕는 관계를 비유.
51. 동분서주 東奔西走	동쪽으로 뛰고 서쪽으로 달린다.	이리저리 몹시 바쁘게 다니는 것을 비유.
52. 동상이몽 同床異夢	같은 침상에서 다른 꿈을 꾸다.	겉으로는 같이 행동하면서 서로 다른 생각을 하고 있음을 비유.
53. 등용문 登龍門	용문에 오르다.	어려운 관문을 통과하여 크게 출세하거나 성공한 것을 비유.
54. 등하불명 燈下不明	등잔 아래가 밝지 않다.	가까이에 있는 사물이나 일에 대해 잘 모르는 것을 비유하는 '등잔 밑이 어둡다'는 우리 속담.
55. 마이동풍 馬耳東風	말 귀에 부는 동쪽 바람	남의 비판이나 의견에 아랑곳 않은 채 흘려버리고 무시하는 경우를 비유.
56. 마행처우역거 馬行處牛亦去	말 가는 데 소도 간다.	다른 사람이 하는 일은 나도 할 수 있다는 비유의 우리 속담.
57. 막상막하 莫上莫下	위도 아니고 아래도 아니다.	우열이나 승부를 가리기 어려울 때를 비유.
58. 맹모삼천 孟母三遷	맹자 어머니가 세 번 이사하다.	자식의 교육을 위해 세 번이나 이사한 맹모의 고사에서 비롯된 성어.
59. 명실상부 名實相符	명성과 실제가 일치하다.	알려진 것(명성)과 실제 상황(또는 실력)이 같을 경우를 가리키는 성어.

60. 명재경각 命在頃刻	목숨이 순간에 달려 있다.	행동이나 일이 극히 짧은 시간에 이루어져야 한다는 것을 비유.
61. 모수자천 毛遂自薦	모수가 스스로를 추천하다.	인재가 자신의 능력을 입증하기 위해 타인의 추천이 아닌 스스로를 추천하는 것을 비유.
62. 목불식정 目不識丁	눈으로 보고도 '정(丁)' 자를 못 알아보다.	글자를 전혀 모르는 까막눈을 비유.
63. 무아도취 無我陶醉	자신의 존재를 완전히 잊고 흠뻑 취함.	자신이 좋아하는 것에 완전히 정신이 쏠려서 자신조차 잊어버린 상태를 비유.
64. 무용지물 無用之物	쓸모없는 물건.	아무 쓸모가 없는 물건이나 아무짝에 쓸 데가 없는 사람을 비유.
65. 문일지십 聞一知十	하나를 들으면 열을 안다.	하나를 듣고 여러 가지를 이해, 유추하는 능력이나 재능, 또는 그런 사람을 비유.
66. 미풍양속 美風良俗	아름다운 기풍과 좋은 풍속.	오래전부터 전해오는 아름답고 좋은 사회적 기풍과 습속을 일컫는 용어.
67. 박장대소 拍掌大笑	손바닥을 치며 큰 소리로 웃다.	아주 기분 좋은 모습을 형용하는 성어.
68. 박학다식 博學多識	학문이 넓고 아는 것이 많다.	무엇이든 환히 통하여 모르는 것이 없음을 비유.
69. 반구저기 反求諸己	돌이켜 자기 자신에게서 찾는다.	행동을 해서 원하는 결과가 얻어지지 않더라도 자기 스스로를 돌아보고 반성하여 원인을 찾아야 한다는 뜻.
70. 반신반의 半信半疑	반은 믿고 반은 의심하다.	진짜인지 가짜인지, 거짓인지 진실인지 확정할 수 없는 상황이나 그런 사람 등을 비유.
71. 발분망식 發憤忘食	분이 나서 먹는 것도 잊다.	끼니마저 잊을 정도로 어떤 일에 열중하거나 분을 내는 모습을 비유.
72. 배수지진 背水之陣	물을 등지고 친 진.	더 이상 물러 설 수 없는 상황을 만들어 죽기를 각오하고 맞서 싸울 때를 형용.
73. 백골난망 白骨難忘	죽어 뼈만 남아도 잊지 못함.	죽어도 잊지 못한다는 뜻으로, 큰 은혜에 감격하여 그 은혜를 잊지 않겠다는 의미의 우리식 성어.
74. 백문불여일견 百聞不如一見	백 번 듣는 것보다 한 번 보는 것이 낫다.	여러 문의 간접 경험보다 직접 경험 한 번이 낫다는 비유.
75. 백아절현 伯牙絶絃	백아가 거문고 줄을 끊다.	죽은 친구를 위해 다시는 연주하지 않겠다는 결심으로 애도한다는 뜻.

76. 백절불굴 百折不屈	백 번 꺾어도 굽히지 않다.	어떤 난관에도 굽히지 않는다는 의지를 나타내는 성어.
77. 부자자효 父慈子孝	부모는 자애롭고 자식은 효성스럽다.	부모와 자식의 관계가 어떠해야 하는지를 나타낸 성어.
78. 부지기수 不知其數	그 수를 알 수 없다.	헤아릴 수 없이 아주 많음을 나타내는 성어.
79. 부화뇌동 附和雷同	우레 소리에 맞추어 함께 하다.	자신의 뚜렷한 생각 없이 그저 남이 하자는 대로 따라가는 것을 비유.
80. 분골쇄신 粉骨碎身	뼈가 가루가 되고 몸이 부서지다.	온 힘을 다해 노력하고 최선을 다하는 것을 비유.
81. 비일비재 非一非再	한두 번이 아니다.	일이나 어떤 상황이 자주 많이 일어나는 것을 말하는 성어.
82. 사리사욕 私利私慾	사사로운 이익과 사사로운 욕심.	개인의 이익과 욕심을 나타내는 성어.
83. 사면초가 四面楚歌	사방에서 들리는 초나라 노래.	사방이 (적에게) 둘러싸인, 누구의 도움도 받을 수 없는 외롭고 곤란한 상황이나 처지를 나타내는 고사성어.
84. 사문난적 斯文亂賊	성리학의 교리와 사상을 어지럽히는 사람 또는 사상.	고려와 조선시대 유교이념과 성리학에 반대하는 사람 또는 사상을 비난하고 공격하는 용어.
85. 사상누각 沙上樓閣	모래 위에 지은 누각.	모래 위에 지은 집처럼 근거나 토대가 아주 없는 사물이나 생각을 비유.
86. 사생결단 死生決斷	생사를 두고 결단을 내리다.	죽기를 각오로 굳게 마음을 먹는 경우를 비유.
87. 사생취의 捨生取義	목숨을 버리고 의를 좇다.	목숨을 버릴지언정 옳은 일을 한다는 뜻.
88. 사통팔달 四通八達	사방으로 통하고 팔방으로 뚫리다.	도로, 통신망, 교통망 등이 막힘없이 이러저리 다 통하는 것을 비유.
89. 사필귀정 事必歸正	일은 반드시 옳은 이치로 돌아간다.	모든 일은 순리대로 바른 제 길을 찾아가기 마련이라는 뜻.
90. 산전수전 山戰水戰	산에서 싸우고 물에서 싸우다.	세상의 온갖 고생을 다 겪었거나, 세상일에 경험이 많은 것을 가리킴.
91. 살신성인 殺身成仁	자신의 몸을 죽여 인(仁)을 이루다.	자신의 몸을 희생하여 옳은 일을 행한다는 뜻.
92. 삼고초려 三顧草廬	초가집을 세 번 찾다.	인재를 얻기 위해 참을성 있게 정성을 다한다는 뜻.

93. 삼성오신 三省吾身	세 번(세 가지) 내 몸을 반성하다.	늘 자신에게 잘못이 없는 지를 되돌아본다는 뜻.
94. 삼인성호 三人成虎	세 사람이 모이면 호랑이도 만든다.	근거 없는 말이나 거짓말이라도 여러 사람이 같은 말을 하면 곧이 듣게 됨.
95. 삼척동자 三尺童子	키가 석 자 밖에 안 되는 어린아이	철없는 어린아이를 가리키는 성어.
96. 상부상조 相扶相助	서로서로 도우다.	서로를 붙잡아 주고 도와주는 것을 뜻하는 성어.
97. 상전벽해 桑田碧海	뽕나무 밭이 푸른 바다가 되다.	세상이 몰라 볼 정도로 아주 달라졌음을 비유.
98. 새옹지마 塞翁之馬	변방에 사는 노인의 말.	세상사 좋은 일이 나쁜 일이 되고도 하고, 나쁜 일이 좋은 일이 되기도 하므로 미리 예측하기 어렵다는 뜻.
99. 생사고락 生死苦樂	삶과 죽음, 괴로움과 즐거움을 통틀어 일컫는 말.	오랫동안 모든 것을 함께한 사이를 가리키는 성어.
100. 선견지명 先見之明	먼저(미리) 보는 밝은 눈.	앞으로 닥쳐 올 일을 미리 아는 지혜를 가리키는 성어.
101. 설상가상 雪上加霜	눈 내린 위에 서리까지 내리다.	어려운 일이 계속 생기는 상황을 가리키는 성어.
102. 소탐대실 小貪大失	작은 것을 탐내다 큰 것을 잃는다.	눈앞에 보이는 작은 이득을 욕심내다가 더 큰 것을 잃는다는 뜻.
103. 속수무책 束手無策	손이 묶이고 대책이 없음.	손이 묶여 어찌 할 수 없어 꼼짝 못하거나, 일이 잘못되어도 대책이 없는 상황을 비유.
104. 송양지인 宋襄之仁	송나라 양공의 어짐.	쓸데없는 인정을 베푸는 행위를 비유.
105. 수수방관 袖手傍觀	손을 옷소매에 넣고 곁에서 쳐다보다.	어떤 일을 당하는 데 곁에서 쳐다만 보고 있고 돕지 않는 것을 비유.
106. 수주대토 守株待兎	나무 그루터기 지키며 토끼를 기다리다.	한 가지 일에만 얽매여 발전을 모르는 어리석은 사람, 경험 부족으로 변통을 모르는 속 좁은 사람, 또는 요행을 바라는 심리를 비유.
107. 순망치한 脣亡齒寒	입술이 없어지면 이가 시려진다.	서로 떨어질 수 없는 밀접한 관계를 비유.
108. 승승장구 乘勝長驅	싸움에서 이긴 기세를 타고 계속 몰아치다.	어떤 일이 잘될 때 계속 그 기세를 유지하여 더 큰 승리와 더 많은 것을 얻는다는 뜻.

109. 시기상조 時機尙早	아직 때가 이르다.	어떤 일을 하기에 아직 적절한 때가 되지 않았음을 뜻하는 성어.
110. 시시비비 是是非非	옳은 것은 옳고, 그른 것은 그르다.	매사에 일을 바르게 판단하고, 잘잘못을 가린다는 뜻의 성어.
111. 시종일관 始終一貫	처음부터 끝까지 같은 자세나 의지를 보이는 것.	어떤 일을 할 때 처음 먹었던 마음을 끝까지 바꾸지 않고 마무리하는 자세와 태도를 가리키는 성어.
112. 심기일전 心機一轉	마음의 틀을 바꾸다.	어떠한 동기에 의하여 이제까지 먹었던 마음을 바꾼다는 뜻인데 마음의 자세를 새롭게 가다듬는다는 의미가 강하다.
113. 심사숙고 深思熟考	깊게 생각하고 곰곰이 살피다.	일이나 상황이 왜 이렇게 되었는지 차분하게 깊이 곰곰이 생각하는 것을 가리킴.
114. 십시일반 十匙一飯	열 사람이 한 술씩 보태면 한 사람 먹을 분량이 된다.	여러 사람이 힘을 합하면 한 사람을 돕기는 쉽다는 뜻의 우리 속담을 한문으로 바꾼 성어.
115. 십중팔구 十中八九	열에 여덟아홉.	거의 예외 없이 그럴 것으로 추측할 수 있음을 비유.
116. 아복기포불찰노기 我腹旣飽不察奴飢	제 배가 부르면 종 배고픈 줄 모른다.	자신의 처지가 나아지면 남의 어려움을 생각하지 않게 되는 것을 비유하는 우리 속담의 한문 표현.
117. 아전인수 我田引水	제 논에 물대기.	자기 이익만 생각하고 행동하거나 자신에게만 이롭도록 억지로 꾸미는 것을 비유.
118. 안하무인 眼下無人	눈 아래 사람이 없다.	잘난 체하며 겸손하지 않고 건방져서 다른 사람을 업신여기는 것을 비유.
119. 애지중지 愛之重之	무엇을 매우 사랑하고 중시하다.	특정한 그 무엇, 또는 사람을 몹시도 소중하게 여기는 것을 비유.
120. 어부지리 漁父之利	어부의 이익	둘이 다투는 사이 제3자가 이익을 얻는 것을 비유.
121. 어불성설 語不成說	하는 말이 앞뒤가 맞지 않다.	말이나 문장이 이치나 맥락에 맞지 않아 온전한 말이나 문장이 되지 못함을 비유하는 표현이다.
122. 여리박빙 如履薄氷	살얼음을 밟는 듯하다.	아슬아슬하고 위험한 상황을 비유.
123. 역지사지 易地思之	입장을 바꾸어 생각하다.	다른 사람의 처지에서 생각해 볼 것을 비유.
124. 연목구어 緣木求魚	나무에 올라가서 물고기를 구하다.	안 되는 일을 굳이 하려는 행동을 비유.
125. 오리무중 五里霧中	짙은 안개가 5리나 끼어 있는 가운데 있다.	안개가 자욱하게 긴 상황처럼 일의 갈피나 사람의 행방을 알 수 없는 것을 비유.

126. 오비삼척 吾鼻三尺	내 코가 석 자다.	내 일이나 사정이 급해 다른 사람의 사정을 돌볼 겨를이 없음을 비유하는 우리 속담.
127. 오비이락 烏飛梨落	까마귀 날자 배 떨어진다.	관계없는 일이 우연히 동시에 일어나 괜히 의심을 받게 되는 상황을 비유.
128. 오십보백보 五十步百步	오십 걸음과 백 걸음.	조금 낫고 못한 정도의 차이는 있으나 본질적으로는 차이가 없음을 비유.
129. 오월동주 吳越同舟	오나라 사람과 월나라 사람이 한 배를 타다.	적이라도 위험에 처하면 서로 돕는 것을 비유.
130. 온고지신 溫故知新	옛것을 익혀 새것을 알다.	앞서 배운 것을 수시로 익혀서 그때마다 늘 새로운 깨달음을 얻는 것을 비유.
131. 와신상담 臥薪嘗膽	장작더미에서 자고 쓸개를 핥다.	원수를 갚거나 마음먹은 일을 이루기 위해 온갖 어려움과 괴로움을 참고 견디는 것을 비유.
132. 외유내강 外柔內剛	겉으로 보기에는 부드러우나 속은 꿋꿋하고 강(强)함.	약하고 부드러워 보이는데 강한 의지를 가진 사람을 비유.
133. 용두사미 龍頭蛇尾	용의 머리에 뱀의 꼬리.	시작은 대단했으나 그 끝은 보잘것없음을 비유.
134. 우공이산 愚公移山	우공(어리석은 노인)이 산을 옮기다.	무슨 일이든 꾸준히 노력하면 결국 큰 일을 이룰 수 있음을 비유.
135. 우도할계 牛刀割鷄	소 잡는 칼로 닭을 자르다.	작은 일에 어울리지 않게 큰 도구를 쓰는 것을 비유.
136. 우왕좌왕 右往左往	오른쪽으로 갔다 왼쪽으로 갔다 하다.	바른 방향을 잡지 못하거나 차분하게 행동하지 못하고 갈팡질팡하는 모습을 비유.
137. 우유부단 優柔不斷	너무 부드러워 맺고 끊질 못한다.	어떤 일을 할 때 망설이기만 하고 과감하게 실행하지 못함을 비유.
138. 우자패지어역리 愚者敗之於逆理	어리석은 사람은 이치를 거스르는 데서 실패한다.	어리석은 사람은 세상사 이치나 올바른 길이 아닌 그와는 반대로 행동하기 때문에 실패한다는 뜻.
139. 월단평 月旦評	매월 초하루의 논평.	인물이나 그 인물의 글에 대한 평을 비유.
140. 위풍당당 威風堂堂	위엄이 넘치고 거리낌 없이 떳떳하다.	모습이나 크기가 남을 압도할 만큼 의젓하고 엄숙한 태도나 기세를 비유.
141. 유구무언 有口無言	입이 있어도 할 말이 없다.	잘못한 것이 너무 분명해서 변명할 말이 없음을 비유.
142. 유비무환 有備無患	준비가 있으면 근심이 없다.	미리 준비가 되어 있으면 어떤 어려움도 없고 뒷걱정이 없다는 뜻.

143. 유야무야 有耶無耶	있는 듯 없는 듯.	있는 것 같기도 하고 없는 것 같기도 한 흐지부지한 상태나 상황을 비유.
144. 유유자적 悠悠自適	여유가 있어 한가롭고 걱정이 없는 모양.	속세를 떠나 아무 속박 없이 조용하고 편안하게 사는 모습을 비유.
145. 읍참마속 泣斬馬謖	눈물을 흘리며 마속의 목을 베다.	큰 목적을 위해 자기가 아끼는 사람을 버린다는 뜻.
146. 이구동성 異口同聲	입은 다르지만 하는 말은 같다.	여러 사람이 같은 의견이나 입장을 보이는 모습을 비유.
147. 이실직고 以實直告	사실을 그대로 말하다.	사실을 있는 그대로 바로 알린다는 뜻.
148. 이심전심 以心傳心	마음으로써 마음을 전하다.	굳이 말이나 글로 전하지 않아도 서로 마음이 통한다는 뜻.
149. 이전투구 泥田鬪狗	진흙탕에서 싸우는 개.	자기 이익을 위해 비열하게 다투는 것을 비유.
150. 인과응보 因果應報	원인과 결과는 서로 물린다.	좋은 일에게는 좋은 결과가, 나쁜 일에는 나쁜 결과로 돌아온다는 뜻.
151. 인산인해 人山人海	사람의 산과 사람의 바다.	헤아릴 수 없이 많은 사람이 모여 있는 모습을 비유.
152. 인지상정 人之常情	사람으로 누구나 가지는 보통의 감정이나 생각.	일반인이 통상적으로 갖고 있는 감정을 가리키는 성어.
153. 일석이조 一石二鳥	둘 하나로 두 마리의 새를 잡다.	한 가지 일을 해서 두 가지 이익을 한 번에 얻는 것을 비유.
154. 일취월장 日就月將	매일 얻는 바가 있고 매달 진보한다.	학문이나 실력이 날마다 달마다 성장하고 발전하는 것을 비유.
155. 임기응변 臨機應變	그때그때 처한 형편에 따라 알맞게 일을 처리하다.	갑작스러운 상황에서 빠르게 순발력 있게 행동하거나 대처하는 것을 비유.
156. 임전무퇴 臨戰無退	싸움에 임해서는 물러나서는 안 된다.	자신이 맡은 일이나 해야 할 일에서 포기하지 말라는 뜻의 성어로 화랑도 세속오계의 하나.
157. 입신양명 立身揚名	몸을 세우고 이름을 날리다.	명예나 부, 지위 따위를 얻어 사회적으로 출세한 것을 비유.
158. 입현무방 立賢無方	인재를 기용할 때 부류를 따지지 않는다.	인재를 기용할 때 출신 등을 가리지 말고 능력을 보고 기용해야함을 비유.
159. 자격지심 自激之心	스스로 모자란다고 생각하는 마음.	자신의 처지나 자신이 한 일에 대해 부족하다고 생각하는 열등감을 비유.

160. 작심삼일 作心三日	마음먹고 사흘.	무엇인가를 해보겠다고 마음을 먹지만 얼마 지나지 않아 포기하는 것을 비유.
161. 적공지탑불휴 積功之塔不墮	공을 들여 쌓은 탑은 무너지지 않는다.	정성을 다해 최선을 다한 일은 그 결과 헛되지 않는다는 것을 비유하는 우리 속담.
162. 적반하장 賊反荷杖	도둑이 도리어 매를 든다.	잘못한 자가 오히려 잘한 사람을 나무라는 경우를 비유.
163. 전화위복 轉禍爲福	화가 바뀌어 복이 된다.	좋지 않은 일이 계기가 되어 오히려 좋은 일이 생겼음을 비유.
164. 정문일침 頂門一針	정수리에 침을 놓다.	따끔한 충고나 교훈을 비유.
165. 조삼모사 朝三暮四	아침에 세 개, 저녁에 네 개.	잔꾀를 남을 속이는 것을 비유.
166. 주객전도 主客顚倒	주인과 손님이 뒤바뀌다.	서로의 입장이 뒤바뀐 것이나 일의 차례가 뒤바뀐 것을 비유.
167. 주마간산 走馬看山	말을 달리며 산을 보다.	자세히 살피지 않고 대충대충 보고 지나가는 것을 비유.
168. 죽마고우 竹馬故友	대나무로 만든 말을 타고 놀던 친구.	어렸을 때부터 사귀어 온 오랜 친구를 비유.
169. 지과필개 知過必改	잘못을 알면 반드시 고친다.	자신이 무엇을 잘못했는지 알게 되면 틀림없이 잘못을 바로잡는다는 뜻.
170. 지록위마 指鹿爲馬	사슴을 가리켜 말이라 하다.	위아래 사람들을 농락하여 권력을 마음대로 휘두르는 것을 비유.
171. 지성감천 至誠感天	지극한 정성이 하늘을 감동시킨다.	하늘조차 감동시킬 수 있는 지극한 정성을 나타내는 성어.
172. 지피지기 知彼知己	적을 알고 나를 안다.	싸움에 있어서는 상대를 먼저 알고 나를 알아야 한다는 뜻.
173. 천고마비 天高馬肥	하늘은 높고 말은 살찐다.	맑고 풍요로운 가을을 비유하는 성어.
174. 천리지행시어족하 千里之行始於足下	천 리 먼 길도 발아래에서 시작한다.	무슨 일이든 시작이 있고 그 시작이 중요하다는 것을 비유.
175. 청출어람 靑出於藍	푸른색은 쪽빛에서 나오지만 쪽빛보다 푸르다.	제자가 스승보다 뛰어남을 비유하는 성어.
176. 쾌도난마 快刀亂麻	잘 드는 칼로 엉킨 삼 가닥(실타래)을 자르다.	어지럽게 얽힌 사물이나 상황을 하나하나 풀려 하지 말고 강하고 빠르게 명쾌하게 처리하는 것을 비유.

177. 타산지석 他山之石	다른 산의 돌.	다른 사람의 잘못된 행동이나 실패한 모습도 자기 수양에 도움이 됨을 비유.
178. 파안대소 破顔大笑	얼굴이 찢어질 정도로 크게 웃다.	매우 즐거운 표정으로 활짝 웃는 모습을 비유.
179. 파죽지세 破竹之勢	대나무를 쪼개는 듯한 기세.	거침없이 맹렬하게 나아가는 모습이나, 세력이 강해서 감히 맞설 상대가 없는 것을 비유
180. 파천황 破天荒	천황을 깨뜨림.	이전에 아무도 하지 못한 일을 처음으로 해내는 것을 비유.
181. 풍전등화 風前燈火	바람 앞의 등불.	매우 위험하거나 오래 견디지 못할 상황, 또는 바람에 꺼지는 등불처럼 덧없음을 비유.
182. 합종연횡 合縱連橫	합종책과 연횡책.	약자끼리 연합하여 강자에 대항하거나 강자와 손잡는 외교책략을 비유.
183. 형설지공 螢雪之功	반딧불이와 눈으로 이룬 공부.	고생스럽게 꾸준히 공부하여 성취를 이루는 것을 비유.
184. 호가호위 狐假虎威	여우가 호랑이의 위세를 빌리다.	남의 권세, 즉 힘을 빌려서 자신이 위세를 부리는 것을 비유.
185. 호연지기 浩然之氣	하늘과 땅 사이에 가득 찬 넓고 큰 기운.	사람의 마음에 차 있는 넓고 크고 올바른 마음을 비유.
186. 호접몽 胡蝶夢	나비의 꿈.	인생의 덧없음을 비유하는 성어.
187. 홍문지회 鴻門之會	홍문에서의 만남.	상대를 죽이기 위해 마련한 술자리를 비유.
188. 홍일점 紅一點	한 떨기 붉은 꽃.	여럿 속 색다른 하나, 남자 여럿 사이에 끼어 있는 한 사람의 여자를 비유.
189. 화사첨족 畫蛇添足	뱀을 그리면서 발을 보태다.	쓸데없는 일을 보태 도리어 잘못되게 하는 경우를 비유.

01. 다음 __에 들어갈 한자를 맞게 연결한 것을 고르세요.

> __석(石)__조(鳥) : 돌 하나로 두 마리 새를 잡다.

① 일(一)~이(二)　　② 삼(三)~사(四)　　③ 오(五)~육(六)　　④ 칠(七)~팔(八)

02. 다음 __에 공통적으로 들어갈 한자로 맞은 것을 고르세요.

> __ __익(益)선(善) / __재(才)__능(能)

① 대(大)　　　　② 소(小)　　　　③ 다(多)　　　　④ 거(巨)

03. 다음 중 반대어(상대어)를 사용한 고사성어가 <u>아닌</u> 것을 고르세요.

① 동문서답(東問西答)　　　　　② 사리사욕(私利私慾)
③ 외유내강(外柔內剛)　　　　　④ 소탐대실(小貪大失)

04. 다음 (　　)에 공통적으로 들어갈 한자로 맞은 것을 고르세요.

고(苦)	진(盡)	(　　)	래(來)
		언(言)	
		이(利)	
		설(說)	

① 동(同)
② 감(甘)
③ 우(友)
④ 대(大)

[05~08] 다음 문장을 각각 읽고 설명에 맞는 고사성어를 연결하세요.

05. 준비가 있으면 근심이 없음. (　　)　　　　　　① 시기상조(時機尙早)

06. 하는 말이 앞뒤가 맞지 않음. (　　)　　　　　② 역지사지(易地思之)

07. 입장을 바꿔 생각함. (　　)　　　　　　　　　③ 유비무환(有備無患)

08. 아직 때가 이름. (　　)　　　　　　　　　　　④ 어불성설(語不成說)

[09~12] 뜻풀이를 각각 읽고 __을 보기에서 찾아 고사성어를 완성하세요.

09. 다른 산의 돌. ⇨ 타__지석(他__之石)

① 산(山)　　　　　② 강(江)　　　　　③ 목(木)　　　　　④ 천(天)

10. 사람이 산과 바다를 이룸. ⇨ __산인해(__山人海)

① 인(人)　　　　　② 천(天)　　　　　③ 지(地)　　　　　④ 화(火)

11. 제 논에 물 대기. ⇨ 아__인수(我__引水)

① 천(川)　　　　　② 곡(谷)　　　　　③ 전(田)　　　　　④ 가(家)

12. 열 사람이 한술씩 보태면 한 사람 먹을 분량이 된다. ⇨ 십시일__(十匙一__)

① 두(頭)　　　　　② 해(海)　　　　　③ 심(心)　　　　　④ 반(飯)

[13~15] 밑줄 친 부분의 내용에 맞는 고사성어를 고르세요.

13. 일찍 일어나서 아침 운동을 하니 밥맛도 좋고 머리도 맑아졌다.

① 기고만장(氣高萬丈)　　　　　　　② 일석이조(一石二鳥)

③ 대의명분(大義名分)　　　　　　　④ 선견지명(先見之明)

14. 체육대회 배구 시합에서 우리 청팀이 홍팀을 일방적으로 이기고 있었으나, 홍팀에서는 <u>어찌할 방법이 없었다.</u>

① 속수무책(束手無策)　　　　　② 명실상부(名實相符)

③ 박장대소(拍掌大笑)　　　　　④ 심사숙고(深思熟考)

15. 몇 년 전 코로나가 크게 유행할 때에 '손 씻기'와 '마스크 쓰기' 등 예방수칙을 지키지 않은 <u>열에 여덟아홉</u> 사람은 코로나에 걸렸다.

① 반신반의(半信半疑)　　　　　② 산전수전(山戰水戰)

③ 생사고락(生死苦樂)　　　　　④ 십중팔구(十中八九)

[16~18] 다음 (①~④)에 들어갈 한자를 순서대로 맞은 것을 고르세요.

		죽(竹)		
천(天)	고(高)	(①)	비(肥)	
		고(故)		
교(交)	(②)	이(以)	신(信)	
		심(心)		
		(③)		
		(④)		

16. 위 표에서 세로 '죽＿고＿(竹＿故＿)'에 들어갈 한자로 맞는 것을 고르세요.

① 마(馬)~우(友)　　② 다(多)~동(同)　　③ 사(死)~생(生)　　④ 재(才)~능(能)

17. 위 표에서 가로 '교__이신(交__以信)'에 들어갈 한자로 맞는 것을 고르세요.

① 전(田)   ② 수(手)   ③ 우(友)   ④ 신(身)

18. 위 표에서 세로 '이심____(以心____)'에 들어갈 한자로 맞는 것을 고르세요.

① 무(無)~외(外)   ② 전(傳)~심(心)   ③ 상(上)~하(下)   ④ 선(善)~악(惡)

[19~20] 다음 내용을 읽고 밑줄 친 부분에 해당하는 고사성어를 고르세요.

사람들은 새해를 맞이하면 무엇인가를 새롭게 시작하려고 굳게 마음 먹고 자신에게는 물론 가족들과도 약속한다. 그러나 **19)** 그러한 결심은 대개 3일 못 넘기고 깨지게 마련이다. 하지만 의지가 강한 사람들은 그러한 계획을 **20)** 처음부터 끝까지 지켜서 목표를 달성한다.

19. '굳게 결심을 해도 3일을 못 넘기고 포기한다.'는 뜻의 고사성어를 고르세요.

① 우왕좌왕(右往左往)   ② 우유부단(優柔不斷)

③ 입신양명(立身揚名)   ④ 작심삼일(作心三日)

20. '처음부터 끝까지 같은 자세나 의지를 보인다.'는 뜻의 고사성어를 고르세요.

① 부지기수(不知其數)   ② 시종일관(始終一貫)

③ 주객전도(主客顚倒)   ④ 호연지기(浩然之氣)

[21~25] 다음 내용를 읽고 (   )부분에 적당한 고사성어를 고르세요.

사람들은 자기가 받은 은혜에 대해서는 **21)** (   )의 자세로 갚아야 한다. 그리고 속담에 **22)** '뿌린 대로 거둔다'는 말이 있는 것처럼 **23)** 선을 베풀고 악을 행하지 말아야 한다. 이것은 아무리 **24)** (   )처럼 세상의 변화가 심하더라도 변할 수 없는 오랜 세월 속의 영원한 진리이니, **25)** '일은 반드시 옳은 이치로 돌아간다'는 말을 잊지 말아야 한다.

21. '은혜를 잊지 않고 보답한다.'는 뜻의 고사성어를 고르세요.

① 결초보은(結草報恩)　　　　② 개과천선(改過遷善)

③ 용두사미(龍頭蛇尾)　　　　④ 일취월장(日就月將)

22. '원인이 있으면 결과가 있다.'는 뜻과 가까운 고사성어를 고르세요.

① 자격지심(自激之心)　　　　② 수수방관(袖手傍觀)

③ 인과응보(因果應報)　　　　④ 견물생심(見物生心)

23. '선을 베풀고 악을 행하지 말아야 한다.'와 뜻이 가장 가까운 고사성어를 고르세요.

① 경거망동(輕擧妄動)　　　　② 권선징악(勸善懲惡)

③ 안하무인(眼下無人)　　　　④ 적반하장(賊反荷杖)

24. '뽕나무 밭이 변하여 푸른 바다가 된다.'는 뜻으로 세상의 변화가 심함을 표현하는 고사성어를 고르세요.

① 사상누락(沙上樓閣)　　　　② 이실직고(以實直告)

③ 임기응변(臨機應變)　　　　④ 상전벽해(桑田碧海)

25. '일은 반드시 옳은 이치로 돌아간다.'는 뜻의 고사성어를 고르세요.

① 사필귀정(事必歸正)　　　　② 임기응변(臨機應變)

③ 난공불락(難攻不落)　　　　④ 살신성인(殺身成仁)

답안과 난이도, 출제 의도

번호	답안	난이도	출제 의도	비고
01	1	하	성어 완성하기	
02	3	하	성어 완성하기	
03	2	중	성어의 구조 알기	
04	2	하	공통어 넣기	퍼즐 형식
05	3	중	성어의 속뜻 알기	
06	4	중	성어의 속뜻 알기	
07	2	중	성어의 속뜻 알기	
08	1	중	성어의 속뜻 알기	
09	1	하	뜻을 알고 성어 완성하기	
10	1	하	뜻을 알고 성어 완성하기	
11	3	중	뜻을 알고 성어 완성하기	
12	4	중	뜻을 알고 성어 완성하기	
13	2	중	일상 생활에서 성어 활용 능력	
14	1	중	일상 생활에서 성어 활용 능력	
15	4	중	일상 생활에서 성어 활용 능력	
16	1	중	성어 완성하기	퍼즐 형식
17	3	중	성어 완성하기	퍼즐 형식
18	2	중	성어 완성하기	퍼즐 형식
19	4	중	문장의 의미와 성어 사용	
20	2	중	문장의 의미와 성어 사용	
21	1	상	문맥에 맞는 성어 넣기와 변용 능력	
22	3	상	문맥에 맞는 성어 넣기와 변용 능력	
23	2	상	문맥에 맞는 성어 넣기와 변용 능력	
24	4	상	문맥에 맞는 성어 넣기와 변용 능력	
25	1	상	문맥에 맞는 성어 넣기와 변용 능력	

01. 다음 중 동물(짐승)이 들어 있지 <u>않은</u> 고사성어를 고르세요.

① 마행처우역거(馬行處牛亦去)　　② 오비이락(烏飛梨落)

③ 등하불명(燈下不明)　　④ 담호호지(談虎虎至)

02. 다음 밑줄 친 고사성어의 의미로 옳은 것은 고르세요.

> 정식이는 이해력이 빨라 <u>문일지십(聞一知十)</u>하는 학생이다.

① 유추하는 능력이나 재능이 뛰어난 사람　　② 행동이 빠르고 실천력이 좋은 사람

③ 생명 애호 정신이 강한 사람　　④ 친구들 간에 신뢰가 좋은 사람

03. 다음 중 '막상막하(莫上莫下)'와 뜻이 가장 가까운 고사성어를 고르세요.

① 목불식정(目不識丁)　　② 주마간산(走馬看山)

③ 사통팔달(四通八達)　　④ 오십보백보(五十步百步)

04. 다음 (　)안에 공통적으로 들어갈 한자를 고르세요.

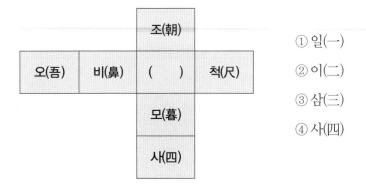

① 일(一)

② 이(二)

③ 삼(三)

④ 사(四)

05. 다음 의미를 가진 고사성어를 고르세요.

> • 푸른색은 쪽빛에서 나오지만 쪽빛보다 푸르다.
>
> • 제자가 스승보다 뛰어남을 비유.

① 청출어람(靑出於藍)　　　　② 온고지신(溫故知新)

③ 상부상조(相扶相助)　　　　④ 지피지기(知彼知己)

06. 다음 중 '얼굴 부위'에 해당하는 한자가 쓰이지 <u>않은</u> 고사성어를 고르세요.

① 유구무언(有口無言)　　　　② 미풍양속(美風良俗)

③ 순망치한(脣亡齒寒)　　　　④ 오비삼척(吾鼻三尺)

07. 다음 중 우리말 속담과 뜻이 비슷한 고사성어를 고르세요.

> 천 리 길도 한 걸음부터

① 우공이산(愚公移山)　　　　② 호가호위(狐假虎威)

③ 파안대소(破顔大笑)　　　　④ 천리지행시어족하(千里之行始於足下)

(08~09) 다음 일화를 읽고 물음에 답하세요.

> 변경에 사는 한 늙은이가 기르던 말이 도망갔다가 준마(駿馬)를 데리고 돌아왔다. 그의 아들이 말을 타다가 떨어져 절름발이가 되었다. <u>그런데 전쟁터에 징집되지 않음으로써 마침내 죽음을 면하게 되었다.</u>
>
> *준마(駿馬) : 썩 잘 달리는 말
> *징집(徵集) : 장정을 현역에 복무에 의무를 부과하여 불러모음

08. 위 일화에서 유래하는 고사성어를 고르세요.

① 새옹지마(塞翁之馬)　　　　　② 지성감천(至誠感天)

③ 광음여류(光陰如流)　　　　　④ 삼성오신(三省吾身)

09. 윗글의 밑줄 친 부분과 가까운 고사성어를 고르세요.

① 사통팔달(四通八達)　　　　　② 전화위복(轉禍爲福)

③ 정문일침(頂門一針)　　　　　④ 교학상장(敎學相長)

10. 다음 중 '사람의 성품'을 의미하는 고사성어를 고르세요.

① 삼척동자(三尺童子)　　　　　② 풍전등화(風前燈火)

③ 다정다감(多情多感)　　　　　④ 파죽지세(破竹之勢)

11. 다음 중 전쟁과 관련 있는 고사성어를 고르세요.

① 임전무퇴(臨戰無退)　　　　　② 부자자효(父慈子孝)

③ 고진감래(苦盡甘來)　　　　　④ 과유불급(過猶不及)

12. 다음 중 '자기의 나쁜 생각과 행동을 고쳐서 더 좋은 사람이 되기 위한 심신수양'과 관계 없는 것을 고르세요.

① 지과필개(知過必改)　　　　　② 삼성오신(三省吾身)

③ 사필귀정(事必歸正)　　　　　④ 반구저기(反求諸己)

(13~17) 다음 밑줄 친 내용과 관련 있는 고사성어를 〈보기〉에서 찾아 연결하여 보세요.

〈보기〉
① 죽마고우(竹馬故友)　　　② 주마간산(走馬看山)

③ 마이동풍(馬耳東風)　　　④ 고진감래(苦盡甘來)

⑤ 삼척동자(三尺童子)

13. 그는 친구의 충고를 전혀 귀담아 듣지 않았다. (　　　)

14. 열심히 공부한 끝에 성적이 오르자, _____ 라는 말이 실감났다. (　　　)

15. 아버지께서는 어렸을 적부터 단짝인 친구를 반갑게 맞이하였다. (　　　)

16. 여행을 갔으나 일정에 여유가 없어 풍경은 _____ 격으로 감상했다. (　　　)

17. 그는 문제 정답을 맞춰보았는데 _____ 도 알 수 있는 문제를 실수로 틀렸다. (　　　)

(18~20) 다음 우화를 읽고 물음에 답하세요.

한 노인이 집 앞에 큰 산이 있어 햇빛을 가로 막고 있자, 산을 옮기겠다고 하면서 날마다 한 삽씩 떠서 옮기자, 산신령이 놀라서 스스로 산을 옮겨갔다.

18. 위 우화의 내용을 요약하는 적당한 고사성어를 고르세요.

① 정문일침(頂門一針)　　　② 우공이산(愚公移山)

③ 타산지석(他山之石)　　　④ 파죽지세(破竹之勢)

19. 윗글의 밑줄 친 부분과 유사한 고사성어를 고세요.

① 적반하장(賊反荷杖)　　　② 호연지기(浩然之氣)

③ 지성감천(至誠感天)　　　④ 주객전도(主客顚倒)

20. 윗글을 읽고 받을 수 있는 교훈으로 적당한 것을 고르세요.

① 나이 많은 노인이 산을 옮기겠다고 하니 삼척동자(三尺童子)도 웃을 일이다.

② 자기 목표를 향해 시종일관(始終一貫) 노력하는 자세가 필요하다.

③ 사람이 헛된 꿈을 가지면 노력도 도로무공(徒勞無功)이다.

④ 목표를 세우면 일사천리(一瀉千里)로 나아가야 한다.

[21~25] 다음 비유적 표현의 고사성어가 의미하는 속뜻을 〈보기〉에서 찾아 바르게 연결하세요.

〈보기〉

① 잔꾀로 남을 속이는 것을 비유.

② 관계없는 일이 우연히 동시에 일어나 괜히 의심을 받는 상황을 비유.

③ 매우 위험하거나 오래 견디지 못할 상황을 비유.

④ 따끔한 충고나 교훈을 비유.

⑤ 서로 떨어질 수 없는 밀접한 관계를 비유.

21. 순망치한(脣亡齒寒) : 입술이 없어지면 이가 시리다. (   )

22. 정문일침(頂門一針) : 정수리에 침을 놓는다. (   )

23. 오비이락(烏飛梨落) : 까마귀 날자 배 떨어진다. (   )

24. 조삼모사(朝三暮四) : 아침에 세 개 저녁에 네 개를 준다. (   )

25. 풍전등화(風前燈火) : 바람 앞의 등불. (   )

답안과 난이도, 출제 의도

번호	답안	난이도	출제 의도	비고
01	3	하	성어 중 한자어 알기	
02	1	하	성어의 속뜻 알기	
03	4	중	유사어 찾기	
04	3	하	성어 중 공통 한자 넣기	퍼즐 형식
05	1	중	성어의 풀이와 속뜻 알기	
06	2	중	성어 중 한자어 알기	
07	4	중	속담과 유사한 성어	
08	1	중	일화에서 유래한 성어 알기	
09	2	중	문맥 파악과 성어 연결	
10	3	상	성어의 의미 알기	
11	1	중	성어의 유래 알기	초등용
12	3	중	성어의 교훈성 알기	
13	3	중	생활 속 성어의 사용 능력	
14	4	중	생활 속 성어의 사용 능력	
15	1	중	생활 속 성어의 사용 능력	
16	2	중	생활 속 성어의 사용 능력	
17	5	중	생활 속 성어의 사용 능력	
18	2	상	성어의 유래	
19	3	상	성어의 의미	
20	2	하	성어에 대한 적절한 반응	
21	5	중	성어의 표현상의 풀이와 속뜻 알기	초등용
22	4	중	성어의 표현상의 풀이와 속뜻 알기	
23	2	상	성어의 표현상의 풀이와 속뜻 알기	
24	1	상	성어의 표현상의 풀이와 속뜻 알기	
25	5	하	성어의 표현상의 풀이와 속뜻 알기	

익힘문제 3회

01. 다음 중 구체적인 사람 이름(인명)을 사용한 고사성어가 <u>아닌</u> 것을 고르세요.

① 맹모삼천(孟母三遷) ② 백아절현(伯牙絶絃)

③ 금의야행(錦衣夜行) ④ 계포일낙(季布一諾)

02. 다음 중 뜻이 유사한 고사성어를 연결한 것으로 <u>틀린</u> 것을 고르세요.

① 고식지계(姑息之計) – 구상유취(口尙乳臭)

② 난형난제(難兄難弟) – 막상막하(莫上莫下)

③ 풍전등화(風前燈火) – 누란지위(累卵之危)

④ 고장난명(孤掌難鳴) – 독목불성림(獨木不成林)

03. 다음 중 고사성어에 등장하는 동물(짐승)로 잘못 지적한 것을 고르세요.

① 군계일학(群鷄一鶴) – 닭/학 ② 이전투구(泥田鬪狗) – 개

③ 지록위마(指鹿爲馬) – 사슴/말 ④ 수주대토(守株待兔) – 꿩

(04~05) 다음 일화를 읽고 물음에 답하세요.

옛날 중국 진(晉)나라 차윤(車胤)이란 사람은 집이 가난하여 반딧불이를 모아 그 빛으로 글을 읽어 높은 벼슬에 올라갔으며, 손강(孫康)이란 사람도 집이 가난하여 기름 살 돈이 없자 눈빛에 책을 비추어 읽었다.

04. 위 일화에 의하여 만들어진 고사성어로 맞는 것을 고르세요.

① 형설지공(螢雪之功)　　　　　　② 호접몽(胡蝶夢)

③ 관포지교(管鮑之交)　　　　　　④ 단기지계(斷機之戒)

05. 위 일화를 읽고 난 학생들의 반응으로 적절하지 <u>않은</u> 것을 고르세요.

① 백절불굴(百折不屈)　　　　　　② 고진감래(苦盡甘來)

③ 와신상담(臥薪嘗膽)　　　　　　④ 삼고초려(三顧草廬)

[06~08] 다음 (　) 안에 맞는 한자어를 골라 고사성어를 완성하세요.

6)	(　)	형(兄)	난(難)	제(弟)
		공(攻)		
7)	(　)	불(不)	식(識)	정(丁)
8) 오(烏)	비(飛)	이(梨)	(　)	

06. 6)의 가로 '(　　)형(兄)난(難)제(弟)'에 들어갈 한자로 맞는 것을 고르세요.

① 사(事)　　　　② 난(難)　　　　③ 다(多)　　　　④ 출(出)

07. 7)의 가로 '(　　)불(不)식(識)정(丁)'에 들어갈 한자로 맞는 것을 고르세요.

① 조(朝)　　　　② 이(移)　　　　③ 감(感)　　　　④ 목(目)

08. 8)의 가로 '오(烏)비(飛)이(梨)(　　)'에 들어갈 한자로 맞는 것을 고르세요.

① 락(落)　　　　② 옹(翁)　　　　③ 국(國)　　　　④ 달(達)

(09~12) 다음 우리 속담에 해당하는 사자성어를 보기에서 고르세요.

〈보기〉

① 담호호지(談虎虎至)　　　　② 등하불명(燈下不明)

③ 목불식정(目不識丁)　　　　④ 동가홍상(同價紅裳)

09. 등잔 밑이 어둡다. (　　)

10. 낫 놓고 기역자도 모른다. (　　　)

11. 같은 값이면 다홍치마. (　　　)

12. 호랑이도 제 말 하면 온다. (　　　)

13. 다음 중 '교육의 중요성'을 뜻하는 고사성어를 고르세요.

① 국사무쌍(國士無雙)　　　　② 맹모삼천(孟母三遷)

③ 동분서주(東奔西走)　　　　④ 도원결의(桃園結義)

14. 다음 중 '친한 벗'을 뜻하지 않은 고사성어를 고르세요.

① 고군분투(孤軍奮鬪)　　　　② 관포지교(管鮑之交)

③ 백아절현(伯牙絕絃)　　　　④ 금란지계(金蘭之契)

15. 다음 중 '어리석은 행동을 비유'하는 고사성어가 아닌 것을 고르세요.

① 수주대토(守株待兔)　　　　② 당랑거철(螳螂拒轍)

③ 연목구어(緣木求魚)　　　　④ 삼인성호(三人成虎)

16. 다음 중 '전쟁에서 유래한 고사성어'가 아닌 것을 고르세요.

① 배수지진(背水之陣)　　　　② 사면초가(四面楚歌)

③ 우도할계(牛刀割鷄)　　　　④ 합종연횡(合從連橫)

(17-18) 다음 글을 읽고 물음에 답하세요.

초(楚)나라에 제사 지내는 사람이 큰 잔에 술을 따라 집안 사람들에게 주었는데, 몇 사람이 마시기에는 부족했고 한 사람이 마시기에는 남았다. 그러자 한 사람이 땅에 뱀을 그리는 데, 먼저 그린 사람이 술을 마시게 하자고 청했다.

한 사람이 먼저 뱀을 완성해 술잔을 들고 마시려 하면서, 왼손에 잔을 들고 오른손으로 뱀을 그리면서 말하기를, "나는 (뱀의) 발도 그릴 수 있다."고 했는데 (발을) 아직 다 그리지 못했다. 그러자 다른 사람이 뱀을 완성하고 술잔을 빼앗아 들고 말하기를, "뱀은 참으로 발이 없는데 그대는 어찌 그릴 수 있다고 하는가?"라고 하면서 마침내 그 술을 마셔버렸다. 뱀의 발을 그리던 사람은 그 술을 마시지 못했다.

17. 위 글의 내용에서 유래한 고사성어로 맞는 것을 고르세요.

① 화사첨족(畫蛇添足) ② 낭중지추(囊中之錐)

③ 승승장구(乘勝長驅) ④ 여리박빙(如履薄氷)

18. 위 글의 내용이 제시해 주는 교훈으로 적절한 사자성어를 고르세요.

① 발분망식(發憤忘食) ② 공중누각(空中樓閣)

③ 과유불급(過猶不及) ④ 모수자천(毛遂自薦)

(19~23) 다음 보기의 고사성어는 어떤 경우 또는 어떤 상황을 말하고자 할 때 사용하는지 맞게 연결하여 보세요.

〈보기〉

① 홍일점(紅一點) ② 유유자적(悠悠自適)

③ 견강부회(牽強附會) ④ 등용문(登龍門)

⑤ 읍참마속(泣斬馬謖)

19. 그는 어려운 시험에 합격하여 높은 벼슬과 함께 명망을 누렸다. (   )

20. 그는 국가를 위한 큰 목적을 위해 자기가 아끼는 사람을 버렸다. (   )

21. 그는 퇴직 후 속세를 떠나 아무런 속박이 없는 곳에서 편안하게 살고 있다. (   )

22. 그는 말도 안 되는 논리를 억지로 끌어다 자기 주장의 근거로 삼는 데 일관했다. (   )

23. 그녀는 많은 남자 회원 가운데 유일한 여성 회원이다. (   )

[24~25] 다음 문장을 읽고 밑줄 친 부분의 뜻에 해당하는 사자성어를 고르세요.

> 선형과 재현이는 여름 방학을 맞아 충무공 이순신의 유적지를 답사하면서 (ㄱ)국사책과 말로만 듣던 이순신 장군의 행적을 눈으로 직접 확인하고, 나라를 위해 (ㄴ)목숨을 아끼지 않고 대의(大義)를 실천한 것에 마음이 숙연해졌다.

24. 밑줄 친 (ㄱ)을 한문구로 바꾸었을 때 적당한 것을 고르세요.

① 농부아사침궐종자(農夫餓死枕厥種子)   ② 우자패지어역리(愚者敗之於逆理)
③ 백문불여일견(百聞不如一見)   ④ 거어고미래어방호(去語固美來語方好)

25. 밑줄 친 (ㄴ)을 고사성어로 바꾸었을 때 적당한 것을 고르세요.

① 사생취의(捨生取義)   ② 쾌도난마(快刀亂麻)
③ 오월동주(吳越同舟)   ④ 유야무야(有耶無耶)

답안과 난이도, 출제 의도

번호	답안	난이도	출제 의도	비고
01	3	중	고사성어의 유래와 구조	
02	1	하	유사한 고사성어 알기	
03	4	하	고사성어의 유래와 구조	
04	1	하	고사성어의 유래담을 읽고 알기	
05	2	하	고사에 대한 이해와 적용 능력	
06	2	중	고사성어 완성하기	퍼즐 형식
07	4	중	고사성어 완성하기	10번과 충돌
08	1	중	고사성어 완성하기	퍼즐 형식
09	2	중	속담에서 유래한 사자성어 알기	
10	3	중	속담에서 유래한 사자성어 알기	7번과 충돌
11	4	중	속담에서 유래한 사자성어 알기	
12	1	중	속담에서 유래한 사자성어 알기	
13	2	상	고사성의 속뜻 알기	
14	1	중	고사성의 속뜻 알기	
15	4	중	고사성의 속뜻 알기	
16	3	중	고사성의 속뜻 알기	
17	1	상	일화를 읽고 고사성어 추론하기	
18	3	상	일화의 전체적 의미 파악하기	
19	4	중	생활어로써 고사성어 활용 능력	
20	5	중	생활어로써 고사성어 활용 능력	
21	2	중	생활어로써 고사성어 활용 능력	
22	3	중	생활어로써 고사성어 활용 능력	
23	1	하	생활어로써 고사성어 활용 능력	
24	3	상	고사성어로 표현 능력	
25	1	상	고사성어로 표현 능력	

01. 귀가 솔깃하도록, 또는 마음이 움직이도록 비위를 맞추거나 이로운 조건을 들어 꾀는 말은?

㉠ 감언이설　　　　㉡ 어부지리　　　　㉢ 설상가상　　　　㉣ 언중유골

02. '세상의 온갖 고생을 다 겪었거나 세상일에 경험이 많은 것'을 가리키는 성어는?

03. 자기 이익만 생각하고 행동하는 것을 비유하거나, 자신에게만 이롭도록 억지로 꾸미는 것은?

㉠ 안하무인　　　　㉡ 동병상련　　　　㉢ 노침초사　　　　㉣ 아전인수

04. '앞서 배운 것을 수시로 익혀서 그때마다 늘 새로운 깨달음을 얻는 것'을 비유하는 성어는?

㉠ 溫故知新(온고지신)　　　　　　㉡ 同床異夢(동상이몽)

㉢ 難攻不落(난공불락)　　　　　　㉣ 勞心焦思(노심초사)

05. '바른 방향을 잡지 못하거나 차분하게 행동하지 못하고 갈팡질팡하는 모습'을 비유하는 성어는?

06. '굳이 말이나 글로 전하지 않아도 서로 마음이 통한다'는 뜻의 성어를 고르세요.

㉠ 노심초사　　　　㉡ 이심전심　　　　㉢ 동병상련　　　　㉣ 동상이몽

07. 고사성어 浩然之氣(호연지기)의 뜻을 고르세요.

㉠ 좋지 않은 일이 계기가 되어 오히려 좋은 일이 생김.

㉡ 서로의 입장이 뒤바뀐 것이나 일의 차례가 뒤바뀐 것

㉢ 제자가 스승보다 뛰어남

㉣ 사람의 마음에 가득 찬 넓고 크고 올바른 마음

08. '거침없이 맹렬하게 나아가는 모습'을 뜻하는 고사성어를 고르세요.

㉠ 파안대소　　　㉡ 파죽지세　　　㉢ 난공불락　　　㉣ 군계일학

09. 고사성어 竹馬故友(죽마고우)의 뜻을 고르세요.

㉠ 공들여 쌓은 탑은 무너지지 않는다.

㉡ 큰 목적을 위해 자기가 아끼는 사람을 버린다.

㉢ 어떤 일을 하기에 아직 적절한 때가 되지 않았다.

㉣ 어릴 때부터 사귀어 온 오랜 친구를 뜻한다.

10. 고사성어 大器晚成를 한글로 쓰세요.

11. '명예나 부, 지위를 얻어 사회적으로 출세한 것'을 비유하는 고사성어를 고르세요.

㉠ 입춘대길　　　㉡ 입신양명　　　㉢ 일취월장　　　㉣ 임전무퇴

12. '사실 있는 그대로 솔직하게 말한다.'는 뜻의 고사성어는?

13. '모습이나 크기가 남을 압도할 만큼 의젓하고 엄숙한 태도'를 비유하는 고사성어를 고르세요.

㉠ 동고동락　　　㉡ 조삼모사　　　㉢ 위풍당당　　　㉣ 당랑거철

14. '여러 사람이 힘을 합하면 한 사람을 돕기는 쉽다.'는 뜻의 고사성어를 고르세요.

㉠ 동병상련　　　㉡ 난공불락　　　㉢ 과유불급　　　㉣ 십시일반

15. '아직 때가 이르다.'라는 뜻을 가진 고사성어를 고르세요.

㉠ 대기만성　　　㉡ 시기상조　　　㉢ 역지사지　　　㉣ 우왕좌왕

16. '여러 사람이 같은 의견이나 입장을 보이는 모습'을 나타내는 고사성어를 고르세요.

㉠ 異口同聲(이구동성) ㉡ 有口無言(유구무언)

㉢ 主客顚倒(주객전도) ㉣ 指鹿爲馬(지록위마)

17. 고사성어 天高馬肥를 한글로 쓰세요.

18. '제자가 스승보다 뛰어남'을 비유하는 고사성어를 고르세요.

㉠ 풍전등화 ㉡ 청출어람 ㉢ 형설지공 ㉣ 파죽지세

19. 고사성어 임기응변(臨機應變)의 뜻을 고르세요.

㉠ 갑작스러운 상황에서 빠르고 순발력 있게 행동하거나 대처함.

㉡ 잘못한 자가 오히려 잘한 사람을 나무라는 경우

㉢ 위아래 사람들을 농락하여 권력을 마음대로 휘두르는 것

㉣ 매우 즐거운 표정으로 활짝 웃는 모습

20. 고사성어 형설지공(螢雪之功)의 뜻을 고르세요.

㉠ 고생스럽게 꾸준히 공부하여 성취하는 것

㉡ 하늘조차 감동시키는 지극한 정성

㉢ 잔꾀로 남을 속이는 것

㉣ 헤아릴 수 없이 많은 사람이 모여 있는 모습

21. '어떤 일을 할 때 망설이기만 하고 과감하게 실행하지 못함'을 비유하는 고사성어를 고르세요.

㉠ 외유내강 ㉡ 와신상담 ㉢ 우유부단 ㉣ 오비삼척

22. '다른 사람의 처지에서 생각해 볼 것'을 비유하는 고사성어를 고르세요.

㉠ 동병상련   ㉡ 동상이몽   ㉢ 역지사지   ㉣ 어불성설

23. '잘난 척하며 겸손하지 않고 건방져서 다른 사람을 업신여기는 것'을 비유하는 고사성어를 고르세요.

㉠ 아전인수   ㉡ 안하무인   ㉢ 십중팔구   ㉣ 심사숙고

24. '처음부터 끝까지 같은 자세나 의지를 보이는 것'을 나타내는 고사성어를 고르세요.

㉠ 時機尙早(시기상조)   ㉡ 十匙一飯(십시일반)
㉢ 始終一貫(시종일관)   ㉣ 十中八九(십중팔구)

25. '손이 묶여 어찌할 수 없어 꼼짝 못하거나, 일이 잘못되어도 대책이 없는 상황'을 비유한 고사성어를 고르세요.

㉠ 설상가상   ㉡ 생사고락   ㉢ 살신성인   ㉣ 속수무책

답안

번호	답안
01	㉠ 감언이설
02	산전수전
03	㉣ 아전인수
04	㉠ 은고지신
05	우왕좌왕
06	㉡ 이심전심
07	㉣ 사람의 마음에 가득 찬 넓고 크고 올바른 마음
08	㉡ 파죽지세
09	㉣ 어릴 때부터 사귀어 온 오랜 친구를 뜻한다.
10	대기만성
11	㉡ 입신양명
12	이실직고
13	㉢ 위풍당당
14	㉢ 십시일반
15	㉡ 시기상조
16	㉠ 이구동성
17	천고마비
18	㉡ 청출어람
19	㉠ 갑작스러운 상황에서 빠르고 순발력 있게 행동하거나 대처함.
20	㉠ 고생스럽게 꾸준히 공부하여 성취하는 것
21	㉢ 우유부단
22	㉢ 역지사지
23	㉡ 안하무인
24	㉢ 시종일관
25	㉣ 속수무책

01. '집안이 화목하면 모든 일이 잘 이루어진다.'라는 뜻을 지닌 고사성어를 한자로 쓰세요.

02. '지나친 것과 미치지 못한 것은 같다.'라는 뜻을 지닌 고사성어를 고르세요.

㉠孤掌難鳴   ㉡過猶不及   ㉢孤軍奮鬪   ㉣牽强附會

03. '가르치면서 배우고, 배우면서 가르치면 서로 성장할 수 있다.'라는 뜻을 지닌 고사성어를 고르세요.

㉠ 君爲臣綱(군위신강)   ㉡ 錦衣夜行(금의야행)
㉢ 大器晚成(대기만성)   ㉣ 敎學相長(교학상장)

04. '사물이나 사람에 대해 애틋한 정이 많고 느낌이 풍부함'을 일컫는 고사성어로 다음 밑줄에 공통으로 들어갈 한글 독음을 쓰세요.

⇨ ____ 情 ____ 感

05. '어려울 때나 좋을 때나 늘 같은 마음으로 함께 도우며 살아가는 사이'를 뜻하는 고사성어로 다음 밑줄에 공통으로 들어갈 한글 독음을 쓰세요.

⇨ ____ 苦 ____ 樂

06. '가까이 있는 사물이나 일에 대해 잘 모르는 것'을 비유하는 고사성어를 고르세요.

㉠燈下不明(등하불명)   ㉡錦衣夜行(금의야행)
㉢難攻不落(난공불락)   ㉣同病相憐(동병상련)

07. '우열이나 승부를 가리기 어려운 경우'를 뜻하는 고사성어로 빈칸에 공통으로 들어갈 한글 독음을 쓰세요.

⇨ ___ 上 ___ 下

08. '글자를 전혀 모르는 까막눈'을 비유하는 고사성어를 고르세요.

㉠ 談人人至(담인인지)　　　㉡ 錦上添花(금상첨화)

㉢ 目不識丁(목불식정)　　　㉣ 厚顔無恥(후안무치)

09. '아름다운 기풍과 좋은 풍속'을 뜻하는 고사성어를 한글로 쓰세요.

10. 고사성어 百聞不如一見(백문불여일견)의 뜻을 쓰세요.

11. '모든 일은 순리대로 제 길을 찾아가기 마련'이라는 뜻의 고사성어를 고르세요.

㉠ 四通八達(사통팔달)　　　㉡ 事必歸正(사필귀정)

㉢ 沙上樓閣(사상누각)　　　㉣ 事君以忠(사군이충)

12. '자신의 몸을 희생하여 옳은 일을 행한다.'는 뜻의 고사성어로 빈칸에 들어갈 한자를 쓰세요.

⇨ 殺身成 ___

13. '서로서로 도와주는 것'을 뜻하는 고사성어로 빈칸에 공통으로 들어갈 한글 독음을 쓰세요.

⇨ ___ 扶 ___ 助

14. '세상사 좋은 일이 나쁜 일이 되기도 하고, 나쁜 일이 좋은 일이 되기도 하므로 미리 예측하기 어렵다.'는 뜻을 가진 고사성어를 고르세요.

㉠ 山戰水戰(산전수전)   ㉡ 孟母三遷(맹모삼천)

㉢ 勞心焦思(노심초사)   ㉣ 塞翁之馬(새옹지마)

15. '처음부터 끝까지 같은 자세나 의지를 보이는 것'을 뜻하는 고사성어를 고르세요.

㉠ 是是非非 (시시비비)   ㉡ 始終一貫(시종일관)

㉢ 心機一轉(심기일전)   ㉣ 乘勝長驅(승승장구)

16. '둘이 다투는 사이 제3자가 이익을 얻는 것'을 비유하는 고사성어를 한글로 쓰세요.

17. '내 일이나 사정이 급해 다른 사람의 사정을 돌볼 겨를이 없다.'라는 뜻의 고사성어로 빈칸에 들어갈 한글 독음을 쓰세요.

⇨ 吾 ＿＿＿ 三尺

18. '까마귀 날자 배 떨어진다.'라는 속담으로 빈칸에 들어갈 한글 독음을 쓰세요.

⇨ 烏 ＿＿＿ 梨落

19. '옛것을 익혀 새것을 알다.'라는 뜻의 고사성어를 고르세요.

㉠ 溫故知新(온고지신)   ㉡ 桑田碧海(상전벽해)

㉢ 白骨難忘(백골난망)   ㉣ 心機一轉(심기일전)

20. '무슨 일이든 꾸준히 노력하면 결국 큰일을 이룰 수 있다.'라는 고사성어를 고르세요.

㉠ 龍頭蛇尾(용두사미)   ㉡ 束手無策(속수무책)

㉢ 支離滅裂(지리멸렬)   ㉣ 愚公移山(우공이산)

21. '한 가지 일을 해서 두 가지 이익을 한 번에 얻는 것'을 비유하는 고사성어를 한글로 쓰세요.(돌 하나로 두 마리의 새를 잡다.)

22. '따끔한 충고나 교훈'을 비유하는 고사성어를 고르세요.

㉠ 頂門一針(정문일침)   ㉡ 切齒腐心(절치부심)

㉢ 千篇一律(천편일률)   ㉣ 語不成說(어불성설)

23. '자세히 살피지 않고 대충대충 보며 지나가는 것'을 비유하는 고사성어로 빈칸에 들어갈 한글 독음을 쓰세요.

⇨ ____ 馬看山

24. '하늘조차 감동시키는 지극한 정성'을 나타내는 고사성어는?

㉠ 指鹿爲馬(지록위마)   ㉡ 天下泰平(천하태평)

㉢ 至誠感天(지성감천)   ㉣ 改過遷善(개과천선)

25. '싸움에서는 상대를 먼저 알고 나를 알아야 한다.'는 뜻의 고사성어로 빈칸에 들어갈 한글 독음을 쓰세요.

⇨ 知 ____ 知 ____

답안

번호	답안
01	家和萬事成(가화만사성)
02	㉡ 過猶不及
03	㉣ 교학상장
04	다 多
05	동 同
06	㉠ 燈下不明(등하불명)
07	막 莫
08	㉢ 目不識丁(목불식정)
09	미풍양속
10	백번 듣는 것보다 한번 보는 것이 낫다(무엇이든 스스로 경험해 봐야 제대로 알 수 있다).
11	㉡ 사필귀정
12	人(인)
13	상(相)
14	㉣ 새옹지마
15	㉡ 시종일관
16	어부지리
17	비(鼻)
18	비(飛)
19	㉠ 온고시신
20	㉣ 우공이산
21	일석이조
22	㉠ 정문일침
23	주(走)
24	㉢ 지성감천
25	彼(피) 己(기)

01. 我田引水와 비슷한 의미를 가진 고사성어를 고르세요.

㉠ 輕擧妄動   ㉡ 牽强附會   ㉢ 眼下無人   ㉣ 見物生心

02. '혼자 여럿을 상대로 힘겹게 싸울 때'를 가리키는 고사성어를 고르세요.

㉠ 東奔西走   ㉡ 孤掌難鳴   ㉢ 孤軍奮鬪   ㉣ 苦盡甘來

03. '근본적인 해결책이 아니라 당장 쉽고 편한 방법이나 임시로 꾸며 내는 계책'을 비유하는 고사성어를 한자로 쓰세요.

04. '작은 흠이나 문제를 고치려다 일을 그르치는 것'을 비유하는 고사성어를 고르세요.

㉠ 管鮑之交   ㉡ 矯角殺牛   ㉢ 名實相符   ㉣ 空中樓閣

05. 고사성어 口尙乳臭의 뜻을 쓰세요.

06. 다음 중 성격이 다른 고사성어를 고르세요.

㉠ 群鷄一鶴   ㉡ 金蘭之契   ㉢ 管鮑之交   ㉣ 竹馬故友

07. 어떻게든 자랑하지 않으면 생색나지 않음을 비유하는 고사성어를 고르세요.

㉠ 錦衣夜行   ㉡ 錦衣還鄕   ㉢ 氣高萬丈   ㉣ 過猶不及

08. '두 사물이나 사람이 비슷하여 낫고 못함을 가리기 어렵다.'는 것을 비유하는 고사성어를 한자로 쓰세요. (형이라 하기도 어렵고 아우라 하기도 어렵다.)

09. 累卵之危와 비슷한 뜻을 지닌 고사성어를 고르세요.

㉠ 千鈞一髮　　　㉡ 安如磐石　　　㉢ 桃園結義　　　㉣ 燈下不明

10. '자기 힘은 생각하지 않고 강한 상대에게 무모하게 대드는 행위'를 비유하는 고사성어로 빈칸에 들어갈 한자를 쓰세요.

➡ 螳螂 ____ 轍

11. 同價紅裳의 뜻을 쓰세요.

12. '어려운 관문을 통과하여 크게 출세하거나 성공한 것'을 비유하는 고사성어로 빈칸을 한자로 쓰세요.

➡ 登 ____ 門

13. '행동이나 일이 극히 짧은 시간에 이루어져야 한다.'는 것을 비유하는 고사성어를 고르세요.

㉠ 時宜適切　　　㉡ 始終如一　　　㉢ 命在頃刻　　　㉣ 頂門一鍼

14. 고사성어 塞翁之馬의 뜻을 고르세요.

㉠ 세상이 몰라볼 정도로 너무 많이 변했음

㉡ 일이 잘못되어도 어찌할 수 있는 방법이 없음

㉢ 모든 일은 순리대로 제 길을 찾아가기 마련

㉣ 세상일의 좋고 나쁨을 미리 예측할 수 없음

15. '노력하지 않고 요행만 바라는 심리'를 뜻하는 고사성어를 고르세요.

　ㄱ 脣亡齒寒　　　　ㄴ 守株待兎　　　　ㄷ 袖手傍觀　　　　ㄹ 桑田碧海

16. 고사성어 緣木求魚의 뜻을 고르세요.

　ㄱ 안되는 일을 굳이 하려는 행동을 비유하는 표현이다.

　ㄴ 말이나 문장이 이치나 맥락에 맞지 않아 온전한 말이나 문장이 되지 않는다.

　ㄷ 서로 떨어질 수 없는 밀접한 관계

　ㄹ 어떤 일이나 상황이 자주 일어나는 것을 말한다.

17. '관계없는 일이 우연히 동시에 일어나 괜히 의심받는 상황'을 비유하는 고사성어를 한자로 쓰세요. (까마귀 날자 배 떨어진다)

18. '적이라도 위험에 처하면 서로 돕는 것'을 비유하는 고사성어를 고르세요.

　ㄱ 季布一諾　　　　ㄴ 孔門十哲　　　　ㄷ 孤掌難鳴　　　　ㄹ 吳越同舟

19. '장작더미에서 자고 쓸개를 핥는다.'라는 뜻의 고사성어를 고르세요.

　ㄱ 勞心焦思　　　　ㄴ 金枝玉葉　　　　ㄷ 臥薪嘗膽　　　　ㄹ 轉禍爲福

20. '있는 것 같기도 하고 없는 것 같기도 한 흐지부지한 상태나 상황'을 비유하는 고사성어로 빈칸에 들어갈 공통된 한자를 쓰세요.

　⇨ 有 ＿＿＿ 無 ＿＿＿

21. '위아래 사람들을 농락하여 권력을 마음대로 휘두르는 것'을 비유하는 고사성어를 고르세요.

　ㄱ 羊頭狗肉　　　　ㄴ 姑息之計　　　　ㄷ 斯文亂賊　　　　ㄹ 指鹿爲馬

22. '어지럽게 얽힌 사물이나 상황을 하나하나 풀려 하지 않고 강하고 빠르게 처리하는 것'을 뜻하는 고사성어로 빈칸에 들어갈 한자를 쓰세요.

⇨ _____ 亂麻

23. 다음 중 뜻이 다른 고사성어를 고르세요.

㉠ 螢雪之功   ㉡ 晝耕夜讀   ㉢ 鑿壁引光   ㉣ 合從連橫

24. '사람의 마음에 가득 찬 넓고 크고 올바른 마음'을 비유하는 고사성어를 한자로 쓰세요.

25. 다음의 고사성어의 빈칸을 채우고 뜻을 쓰세요.

⇨ ___ 蛇添足

답안

번호	답안
01	ⓒ 牽强附會
02	ⓒ 孤軍奮鬪
03	姑息之計(고식지계)
04	ⓒ 矯角殺牛
05	구상유취(입에서 아직 젖내가 난다. 말이나 행동이 유치함)
06	㉠ 群鷄一鶴
07	㉠ 錦衣夜行
08	難兄難弟(난형난제)
09	㉠ 천균일발
10	拒
11	동가홍상(같은 값이면 붉은 치마, 같은 조건이라면 보기 좋은 것을 고른다)
12	龍
13	㉠ 時宜適切
14	㉣ 세상일의 좋고 나쁨을 미리 예측할 수 없음
15	ⓒ 守株待兎
16	㉠ 안되는 일을 굳이 하려는 행동을 비유하는 표현이다.
17	烏飛梨落
18	㉣ 吳越同舟
19	ⓒ 臥薪嘗膽
20	耶
21	㉣ 指鹿爲馬
22	快刀
23	㉣ 合從連橫
24	浩然之氣(호연지기)
25	화사첨족(뱀을 그리면서 발을 보탠다, 쓸데없는 일을 보태 도리어 잘못되게 만드는 경우를 비유).

다음의 문제는 단답형의 객관식 문제이다. 맞는 답을 1개만 찾아서 쓰세요.

01. 경거망동(輕擧妄動)의 뜻을 고르세요.

① 도리나 사정을 생각하지 않고 함부로 가볍게 말하고 행동한다.

② 한 번 약속한 것은 반드시 지킨다.

③ 시간이 아주 빠르게 지나간다.

④ 손바닥 하나로는 소리가 나지 않는다.

02. 견물생심(見物生心)의 뜻을 고르세요.

① 집안이 화목하면 모든 일이 잘 이루어진다.

② 갖고 싶어 하는 물건을 눈으로 직접 보면 갖고 싶은 마음이 생긴다.

③ 고생이 다하면 좋은 날이 온다.

④ 공중에 지은 누각을 말한다.

03. 과유불급(過猶不及)의 뜻을 고르세요.

① 재주와 능력이 많다.

② 끝이 뾰족한 송곳은 자루 속에 있어도 언젠가는 자루를 뚫고 나온다.

③ 사람이나 사물이 지나치거나 모자라 균형을 잃으면 안된다.

④ 공격하기 어려워 함락되지 않는다.

04. 고진감래(苦盡甘來)의 뜻을 고르세요.

① 가는 말이 고와야 오는 말이 곱다.

② 억지로 갖다 붙인다는 말이다.

③ 손바닥 하나로는 소리가 나지 않는다.

④ 어렵고 힘들더라도 견디며 최선을 다하면 좋은 결과를 얻을 수 있다.

05. 권선징악(勸善懲惡)의 뜻을 고르세요.

① 평범한 사람 여럿 중에 뛰어난 사람이 한 명 섞여 있다.

② 자신의 존재를 완전히 잊고 흠뻑 취한다.

③ 좋은 일은 권하고 나쁜 일은 징계한다.

④ 하나를 들으면 열을 안다.

06. 대기만성(大器晩成)의 뜻을 고르세요.

① 큰 그릇은 늦게 이루어진다.

② 시간이 아주 빠르게 지나간다.

③ 외로운 군대가 온 힘을 다해 싸운다.

④ 가는 말이 고와야 오는 말이 곱다.

07. 다재다능(多才多能)의 뜻을 고르세요.

① 나라에 둘도 없는 인재라는 뜻이다.

② 오만함이 하늘을 찌른다.

③ 여러 방면에서 남다른 재능을 가진 사람을 비유하는 말이다.

④ 자기 힘은 생각하지 않고 강한 상대에게 무모하게 대드는 행위

08. 금시초문(今時初聞)의 뜻을 고르세요.

① 지금 처음 듣는 말이라는 뜻을 가진 사자성어이다.

② 사람으로서 마땅히 지켜야 할 도리나 본분을 말한다.

③ 많으면 많을수록 좋다는 말이다.

④ 정이 많고 감정이 풍부하다는 말이다.

09. 무용지물(無用之物)의 뜻을 고르세요.

① 알려진 것과 실제 상황이 같다는 말이다.

② 전혀 글자를 모르는 까막눈을 비유하는 말이다.

③ 아무 쓸모가 없거나 아무짝에도 쓸데가 없는 사람을 비유하는 말이다.

④ 손바닥을 치며 큰 소리로 웃는다는 말이다.

10. 동문서답(東問西答)의 뜻을 고르세요.

① 농부는 굶어 죽을지언정 그 씨앗은 베고 눕는다.

② 형이라 하기도 아우라 하기도 어렵다.

③ 비단옷을 입고 밤길을 걷는다.

④ 동쪽으로 묻는 말에 서쪽으로 답한다.

다음의 문제는 서술형의 객관식 문제이다. 맞는 답을 1개만 찾아서 쓰세요.

---

11. '벗을 사귈 때는 믿음에 바탕을 둬야 한다.'는 뜻의 사자성어를 고르세요.

① 고진감래   ② 교유이신   ③ 용두사미   ④ 마이동풍

12. '은인이 전투에서 위기에 처하자 풀을 묶어 매듭을 만들어 적의 수레와 이 걸려 넘어져서 위기를 벗어나게 해 주었다.'는 고사에서 나온 사자성어를 고르세요.

① 모수자천   ② 결초보은   ③ 기호지세   ④ 동고동락

13. '학문이 넓고 아는 것이 많다.'는 뜻을 가진 사자성어를 고르세요.

① 미풍양속   ② 구곡간장   ③ 박장대소   ④ 박학다식

14. '앞으로 닥쳐올 일을 미리 아는 지혜'를 가리키는 사자성어를 고르세요.

① 시기상조   ② 어부지리   ③ 선견지명   ④ 맹모삼천

15. '마음 먹고 삼일'을 가리키는 사자성어를 고르세요.

① 작심삼일   ② 인과응보   ③ 막상막하   ④ 비일비재

16. '아침에 세 개, 저녁에 네 개의 잔꾀로 남을 속이는 것'을 비유하는 사자성어를 고르세요.

① 임기응변   ② 조삼모사   ③ 막무가내   ④ 구사일생

17. '대나무를 쪼개는 듯한 기세'를 가리키는 사자성어를 고르세요.

① 파죽지세   ② 지피지기   ③ 청출어람   ④ 형설지공

18. '하늘은 높고 말은 살찐다.'를 가리키는 사자성어를 고르세요.

① 풍전등화   ② 주마간산   ③ 천고마비   ④ 파안대소

19. '마음으로 마음을 전한다.'를 가리키는 사자성어를 고르세요.

① 일취월장   ② 이심전심   ③ 적반하장   ④ 결자해지

20. '하늘과 땅 사이에 가득 찬 넓고 큰 기운'을 가리키는 사자성어를 고르세요.

① 불철주야   ② 괄목상대   ③ 지성감천   ④ 호연지기

다음의 문제는 ○×문제이다. 맞는 답에 (○) 틀린 답에 (×)를 하세요.

21. '그때그때 처한 형편에 따라 알맞게 일을 처리한다.'는 뜻으로 '갑작스러운 상황에서 빠르고 순발력 있게 행동하거나 대처하는 것'을 비유하는 말을 [임기응변]이라고 한다. (　　)

22. '달콤하고 이로운 말'이라는 뜻으로 '귀가 솔깃하도록, 또는 마음이 움직이도록 비위를 맞추거나 이로운 조건을 들어 꾀하는 일'을 비유하는 말을 [개과천선]이라 한다. (　　)

23. '짙은 안개가 5리나 끼어 있는 가운데 있다.'는 뜻으로 '안개가 자욱하게 낀 상황처럼 일의 갈피나 사람의 행방을 알 수 없는 것'을 비유하는 말을 [오리무중]이라 한다. (　　)

24. '뽕나무 밭이 푸른 바다가 되다.'라는 뜻으로 '세상이 몰라볼 정도로 달라졌음'을 비유하는 말을 [상전벽해]라고 한다. (　　)

25. '용의 머리에 뱀의 꼬리'라는 뜻으로 '시작은 대단했으나 그 끝은 보잘것없음'을 비유하는 말을 [용두사미]라고 한다. (　　)

답안

번호	01	02	03	04	05	06	07	08	09	10
답안	1	2	3	4	3	1	3	1	3	4
번호	11	12	13	14	15	16	17	18	19	20
답안	2	2	4	3	1	2	1	3	2	4
번호	21	22	23	24	25					
답안	○	×	○	○	○					

익힘문제 8회

다음의 문제는 단답형의 객관식 문제이다. 맞는 답을 1개만 찾아서 쓰세요.

01. 우공이산(愚公移山)의 뜻을 고르세요.

① 어리석은 노인(우공)이 산을 옮긴다는 뜻이다.

② 약하고 부드러워 보이지만 의지가 강한 사람을 뜻한다.

③ 위엄이 넘치고 거리낌 없이 떳떳하다는 뜻이다.

④ 입이 있어도 할 말이 없다는 뜻이다.

02. 파안대소(破顔大笑)의 뜻을 고르세요.

① 넓고 올바른 마음이 가득 찬 것을 비유한 말이다.

② 얼굴이 찢어질 정도로 크게 웃는다는 뜻이다.

③ 바람 앞의 등불을 의미한다.

④ 공중에 지은 누각을 뜻한다.

03. 주마간산(走馬看山)의 뜻을 고르세요.

① 재주와 능력이 많다는 뜻이다.   ② 인생의 덧없음을 비유하는 성어이다.

③ 말을 날리며 산을 본다는 말이다.   ④ 여우가 호랑이의 위세를 빌린다는 뜻이다.

04. 광음여류(光陰如流)의 뜻을 고르세요.

① 풀을 묶어 은혜에 보답한다는 뜻이다.   ② 잘못을 고치고 착해진다는 말이다.

③ 가볍게 멋대로 행동한다는 뜻이다.   ④ 세월(시간)이 흐르는 물과 같다는 뜻이다.

05. 교학상장(教學相長)의 뜻을 고르세요.

① 많으면 많을수록 좋다는 뜻이다.

② 사마귀가 수레를 막아선다는 뜻이다.

③ 가르침과 배움이 함께 성장한다는 뜻이다.

④ 하나를 들으면 열을 안다는 뜻이다.

06. 독목불성림(獨木不成林)의 뜻을 고르세요.

① 나무 한 그루로는 숲을 이룰 수 없다는 뜻이다.

② 큰 그릇은 늦게 이루어진다는 뜻이다.

③ 공격하기 어려워 함락되지 않는다는 뜻이다.

④ 오만함이 하늘을 찌를 정도로 기가 만 길이나 뻗친다는 뜻이다.

07. 대의명분(大義名分)의 뜻을 고르세요.

① 비단 옷을 입고 밤길을 다닌다는 뜻이다.

② 나라에 둘도 없는 인재라는 뜻이다.

③ 사람으로서 마땅히 지켜야 할 도리나 본분을 이르는 말이다.

④ 층층 쌓은 알의 위태로움을 뜻한다.

08. 등하불명(燈下不明)의 뜻을 고르세요.

① 등잔 아래가 밝지 않다는 뜻이다.

② 글자를 전혀 모르는 까막눈을 비유하는 말이다.

③ 무엇이든 훤히 통하여 모르는 것이 없음을 비유하는 말이다.

④ 반은 믿고 반은 의심한다는 뜻이다.

09. 삼척동자(三尺童子)의 뜻을 고르세요.

① 앞으로 닥쳐올 일을 미리 아는 지혜를 가리키는 말이다.

② 전혀 글자를 모르는 까막눈을 비유하는 말.

③ 키가 석 자밖에 안되는 어린아이, 철없는 어린아이를 가리키는 말이다.

④ 손바닥을 치며 큰 소리로 웃는다는 말.

10. 사통팔달(四通八達)의 뜻을 고르세요.

① 생사를 두고 결단을 내린다는 뜻이다.

② 일은 반드시 옳은 위치로 돌아간다는 뜻이다.

③ 농부는 굶어 죽을지언정 그 씨앗은 베고 눕는다는 뜻이다.

④ 사방으로 통하고 팔방으로 뚫렸다는 뜻이다.

다음의 문제는 서술형의 객관식 문제이다. 맞는 답을 1개만 찾아서 쓰세요.

11. '하나를 들으면 열을 안다.'는 뜻의 사자성어를 고르세요.

① 박장대소   ② 문일지십   ③ 동병상련   ④ 십중팔구

12. '부모는 자애롭고 자식은 효성스럽다.'는 뜻으로 부모와 자식의 관계가 어떠해야 하는가를 나타내는 성어를 고르세요.

① 분골쇄신   ② 부자자효   ③ 사생결단   ④ 부화뇌동

13. '돌이켜 자기 자신에서 찾는다.'는 뜻으로 행동해서 원하는 결과가 얻어지지 않더라도 자기 자신을 돌아보고 반성하여 원인을 찾아야 한다는 사자성어를 고르세요.

① 동분서주   ② 위풍당당   ③ 모수자천   ④ 반구저기

14. '세상사 좋은 일이 나쁜 일이 되기도 하고, 나쁜 일이 좋은 일이 되기도 하므로 미리 예측하기 어렵다.'는 뜻을 가진 사자성어를 고르세요.

① 시기상조   ② 속수무책   ③ 새옹지마   ④ 아전인수

15. '늘 자신에게 잘못이 없는지 되돌아본다.'는 뜻의 사자성어를 고르세요.

① 삼성오신   ② 백문불여일견   ③ 비일비재   ④ 사문난적

16. '옛것을 익혀 새것을 알다.'는 뜻으로 앞서 배운 것을 수시로 익혀서 그때마다 새로운 깨달음을 얻는 것을 비유하는 사자성어를 고르세요.

① 역지사지   ② 온고지신   ③ 와신상담   ④ 어부지리

17. '잘못을 알면 반드시 고친다.'는 뜻을 가진 사자성어를 고르세요.

① 지과필개   ② 지록위마   ③ 쾌도난마   ④ 타산지석

18. '여우가 호랑이의 위세를 빌리다.'를 가리키는 사자성어를 고르세요.

① 형설지공   ② 호접몽   ③ 호가호위   ④ 홍일점

19. '지극한 정성이 하늘을 감동시킨다.'는 뜻의 사자성어를 고르세요.

① 타산지석   ② 지성감천   ③ 풍전등화   ④ 파천황

20. '입술이 없어지면 이가 시리다.'는 뜻으로 서로 떨어질 수 없는 밀접한 관계를 비유하는 사자성어를 고르세요.

① 소탐대실   ② 생사고락   ③ 시시비비   ④ 순망치한

다음의 문제는 ○×문제이다. 맞는 답에 (○) 틀린 답에 (×)를 하세요.

21. '눈으로 보고도 정(丁) 자를 못 알아본다.'는 뜻으로 글자를 전혀 모르는 까막눈을 비유하는 말을 [목불식정]이라 한다. (　　)

22. '말 귀에 부는 동쪽 바람'이라는 뜻으로 남의 비판이나 의견에 아랑곳하지 않은 채 흘려 버리고 무시하는 경우를 비유하는 말을 [마행처 우역거]라고 한다. (　　)

23. '호랑이를 말하면 호랑이가 오고, 사람을 말하면 사람이 온다.'는 뜻으로 공교롭게도 그 사람이 나타나는 것을 비유하는 우리 속담으로 당사자가 없다고 해서 말을 함부로 하지 말라는 경계의 뜻을 가진 속담을 [담호호지 담인인지]라고 한다. (　　)

24. '정이 많고 감정이 풍부하다.'는 뜻으로 사물이나 사람에 대해 애틋한 정이 많고 느낌이 풍부함을 일컫는 성어를 [다재다능]이라 한다. (　　)

25. '집안이 화목하면 모든 일이 잘 이루어진다.'는 뜻으로 집안의 화목이 가정뿐만 아니라 인간관계, 사회관계에 영향을 미친다는 점을 강조한 성어를 [가화만사성]이라고 한다. (　　)

답안

번호	01	02	03	04	05	06	07	08	09	10
답안	1	2	3	4	3	1	3	1	3	4
번호	11	12	13	14	15	16	17	18	19	20
답안	2	2	4	3	1	2	1	3	2	4
번호	21	22	23	24	25					
답안	○	×	○	×	○					

익힘문제 9회

다음의 문제는 단답형의 객관식 문제이다. 맞는 답을 1개만 찾아서 쓰세요.

01. 삼고초려(三顧草廬)의 뜻을 고르세요.

① 인재를 얻기 위해 참을성 있게 초가집을 세 번 찾는다.

② 목숨을 버릴지언정 옳은 일을 한다.

③ 모든 일은 순리대로 바른길을 찾아가기 마련이다.

④ 자신의 몸을 희생하여 옳은 일을 행한다.

02. 와신상담(臥薪嘗膽)의 뜻을 고르세요.

① 입장을 바꿔서 생각한다.

② 장작더미에서 자고 쓸개를 핥는다.

③ 옛것을 익혀 새것을 안다는 것을 의미한다.

④ 작은 일에 어울리지 않게 큰 도구를 쓰는 것을 비유하는 말이다.

03. 호접몽(胡蝶夢)이 가리키는 뜻을 고르세요.

① 재주와 능력이 많다는 뜻이다.

② 바람에 꺼지는 등불처럼 덧없음을 비유하는 말이다.

③ 나비의 꿈으로 인생의 덧없음을 비유하는 성어이다.

④ 남의 권세, 즉 힘을 빌려서 위세를 부리는 것을 비유하는 말이다.

04. 합종연횡(合縱連橫)의 뜻을 고르세요.

① 싸움에 임해서는 상대를 먼저 알고 나를 알아야 한다는 뜻이다.

② 하늘조차 감동시킬 수 있는 지극한 정성을 나타내는 성어이다.

③ 이전에 아무도 하지 못한 일을 처음으로 해내는 것을 비유한다.

④ 합종책과 연횡책, 약자끼리 연합하여 강자에 대항하거나 강자와 손잡는 외교책략

05. 입현무방(立賢無方)의 뜻을 고르세요.

① 따끔한 충고나 교훈을 비유하는 말이다.

② 사마귀가 수레를 막아선다는 뜻이다.

③ 인재를 기용할 때는 출신등의 부류를 따지지 않고 능력에 따라 기용한다.

④ 사실을 있는 그대로 바로 알린다는 뜻이다.

06. 이전투구(泥田鬪狗)의 뜻을 고르세요.

① 진흙탕에서 싸우는 개처럼 자기 이익을 위해서 비열하게 싸우는 것을 뜻한다.

② 잔 꾀로 남을 속이는 것을 뜻한다.

③ 서로의 입장이 뒤바뀐 것이나 일의 차례가 뒤바뀐 것을 비유하는 말이다.

④ 오만함이 하늘을 찌를 정도로 기(氣)가 만 길이나 뻗친다는 뜻이다.

07. 여리박빙(如履薄氷)의 뜻을 고르세요.

① 어리석은 사람은 이치를 거스르는 데서 실패한다.

② 시작은 대단했으나 그 끝은 보잘것없음을 뜻한다.

③ 살얼음을 밟는 듯 아슬아슬하고 위험한 상황을 비유하는 말이다.

④ 잘못한 것이 너무 분명해서 변명할 말이 없음을 뜻한다.

08. 승승장구(乘勝長驅)의 뜻을 고르세요.

① 싸움에서 이긴 기세를 타고 계속 몰아친다는 뜻이다.

② 옳은 것은 옳고 그른 것은 그르다는 말이다.

③ 어떤 일을 하기에 아직 적절한 때가 되지 않았음을 뜻하는 말이다.

④ 서로 떨어질 수 없는 밀접한 관계를 비유하는 말이다.

09. 연목구어(緣木求魚)의 뜻을 고르세요.

① 하는 말이 앞뒤가 전혀 맞지 않는다는 뜻이다.

② 시작은 대단했으나 그 끝은 보잘것없음을 의미하는 말이다.

③ 나무에 올라가서 물고기를 구한다는 뜻으로 안되는 일을 굳이 하려는 행동

④ 바람에 꺼지는 등불처럼 덧없음을 비유하는 말이다.

10. 홍문지회(鴻門之會)의 뜻을 고르세요.

① 생사를 두고 결단을 내린다는 뜻이다.

② 무슨 일이든 시작이 있고 그 시작이 중요하다는 것을 의미한다.

③ 농부는 굶어 죽을지언정 그 씨앗은 베고 눕는다는 뜻이다.

④ 상대를 죽이기 위해 마련한 술자리를 비유하는 말이다.

다음의 문제는 서술형의 객관식 문제이다. 맞는 답을 1개만 찾아서 쓰세요.

11. '손이 묶여 어찌할 수 없어 꼼짝 못하거나, 일이 잘못되어도 대책이 없는 상황'을 뜻하는 사자성어를 고르세요.

① 송양지인   ② 속수무책   ③ 수수방관   ④ 십중팔구

12. '나무 그루터기를 지키며 토끼를 기다린다.'는 뜻으로 한 가지 일에만 얽매여 발전을 모르는 속 좁은 사람 또는 요행을 바라는 심리를 나타내는 성어를 고르세요.

① 상전벽해　　　　② 수주대토　　　　③ 어부지리　　　　④ 오비이락

13. '제 배가 부르면 종 배고픈 줄 모른다.'는 뜻으로 자신의 처지가 나아지면 남의 어려움을 생각하지 않는 것을 비유하는 우리 속담을 고르세요.

① 십시일반　　　　② 생사고락　　　　③ 유구무언　　　　④ 아복기포 불찰노기

14. '물을 등지고 쳐 놓은 진'으로 더 이상 물러설 수 없는 상황을 만들어 죽기를 각오하고 맞서 싸우는 것을 형용하는 사자성어를 고르세요.

① 백골난망　　　　② 부화뇌동　　　　③ 배수지진　　　　④ 사문난적

15. '목숨을 버릴지언정 옳은 일을 한다.'는 뜻의 고사성어를 고르세요.

① 사생취의　　　　② 사상누각　　　　③ 사필귀정　　　　④ 산전수전

16. '백아가 거문고 줄을 끊다.'라는 뜻으로 백아가 종자기를 위해 다시는 연주를 하지 않겠다는 결심의 고사성어를 고르세요.

① 부자자효　　　　② 백아절현　　　　③ 비일비재　　　　④ 사필귀정

17. '백 번 꺾어도 굽히지 않는다.'는 뜻을 가진 사자성어를 고르세요.

① 백절불굴　　　　② 부지기수　　　　③ 분골쇄신　　　　④ 백골난망

18. '분이 나서 먹는 것도 잊는다'라는 뜻으로 끼니마저 잊을 정도로 어떤 일에 열중하거나 분을 내는 모습을 가리키는 사자성어를 고르세요.

① 사면초가　　　　② 인지상정　　　　③ 발문망식　　　　④ 시기상조

19. '모수가 자신을 추천한다.'는 뜻의 고사성어를 고르세요.

① 목불식정   ② 모수자천   ③ 문일지십   ④ 반구저기

20. '농부는 굶어죽어지언정 그 씨앗은 베고 눕는다.'는 뜻으로 농사를 짓는 농부에게 종자는 생명과 같아 굶어서 죽더라도 씨앗은 먹지 않는다는 우리 속담을 찾으세요.

① 독목불성림   ② 소탐대실   ③ 단기지계   ④ 농부아사 침궐종자

다음의 문제는 ○×문제이다. 맞는 답에 (○) 틀린 답에 (×)를 하세요.
---

21. '소 잡는 칼로 닭을 잡는다.'는 뜻으로 작은 일에 어울리지 않게 큰 도구를 쓰는 것을 비유하는 말을 [우도할계 ; 牛刀割鷄]라고 한다. (   )

22. '화가 바뀌어 복이 된다'라는 뜻으로 좋지 않은 일이 계기가 되어 오히려 좋은 일이 생겼음을 비유하는 말을 [적반하장 ; 賊反荷杖]이라고 한다. (   )

23. '공들여 쌓은 탑은 무너지지 않는다.'는 뜻으로 정성을 다해 최선을 다한 일은 그 결과가 헛되지 않음을 비유하는 우리 속담을 [적공지탑불휴 ; 積功之塔不墮]라고 한다. (   )

24. '사슴을 가리켜 말이라고 한다.'는 뜻으로 위아래 사람들을 농락하여 권력을 마음대로 휘두르는 것을 비유하는 성어를 [지록위마 ; 指鹿爲馬]라고 한다. (   )

25. '반딧불이와 눈으로 이룬 공부'라는 뜻으로 고생스럽게 꾸준히 공부하여 성취를 이루는 것을 비유한 성어를 [쾌도난마 ; 快刀亂麻]라고 한다. (   )

답안

번호	01	02	03	04	05	06	07	08	09	10
답안	1	2	3	4	3	1	3	1	3	4
번호	11	12	13	14	15	16	17	18	19	20
답안	2	2	4	3	1	2	1	3	2	4
번호	21	22	23	24	25					
답안	o	×	o	o	×					

익힘문제 10회

(01~10) 주어진 의미에 알맞은 성어를 보기에서 골라 번호를 쓰세요.

〈보기〉

1. 甘言利說(감언이설)　　　2. 見物生心(견물생심)　　　3. 苦盡甘來(고진감래)

4. 今始初聞(금시초문)　　　5. 東問西答(동문서답)　　　6. 白骨難忘(백골난망)

7. 多多益善(다다익선)　　　8. 大器晚成(대기만성)　　　9. 同病相憐(동병상련)

10. 博學多識(박학다식)

01. 이전에는 들어 보지 못한, 이제 막 처음으로 듣는 말. (　　)

02. 갖고 싶어 하던 물건을 눈으로 직접 보면 갖고 싶은 마음이 생김. (　　)

03. 귀가 솔깃하도록 또는 마음이 움직이도록 비위를 맞추거나 이로운 조건을 들어 꾀는 말. (　　)

04. 묻는 말에는 아랑곳하지 않고 엉뚱한 답을 말하는 것을 비유. (　　)

05. 고생 끝에 낙이 온다. 어렵고 힘들어도 견디면 좋은 결과를 얻을 수 있다. (　　)

06. 무엇이든 훤히 통하여 모르는 것이 없음. (　　)

07. 같은 처지에 있는 사람들끼리 서로 불쌍히 여겨 돕는 관계를 비유. (　　)

08. 크게 될 사람은 오랜 단련이 필요한 터, 인재로 성장하는 데 시간이 걸린다. (　　)

09. 죽어도 잊지 못한다는 뜻으로 큰 은혜에 감격하여 그 은혜를 잊지 않겠다는 의미의 우리식 성어.
　　(　　)

10. 많으면 많을수록 좋다. 오만한 성격을 비유하는 성어. (　　)

(11~15) 다음 성어의 한글 독음을 쓰세요.

11. 無用之物 (   )

12. 馬耳東風 (   )

13. 非一非再 (   )

14. 沙上樓閣 (   )

15. 十中八九 (   )

(16~20) 다음 성어와 관련 있는 문장을 연결하세요.

16. 結草報恩(결초보은) (   )

가. 괴로움과 즐거움을 함께한다.
어려울 때나 좋을 때나 늘 같은 마음으로
함께 도우며 살아가는 사이.

17. 교우이신(交友以信) (   )

나. 오만함이 하늘을 찌를 정도로 기가
만길이나 뻗치다.

18. 氣高萬丈(기고만장) (   )

다. 풀을 묶어 은혜에 보답하다.
누군가에게 신세 졌거나 은혜를 입었으면
꼭 갚으라.

19. 勞心焦思(노심초사) (   )

라. 믿음으로 벗을 사귀어라.
벗을 사귈 때는 서로 믿음을 바탕에
둬야 한다.

20. 同苦同樂(동고동락) (   )

마. 몸도 지치고 애를 태운다.
몸과 마음이 힘들고 초조 하여 애가 타는
모습.

(21~25) 다음 설명이 뜻하는 성어를 보기에서 골라 한글로 쓰세요.

<보기>

| 主客顚倒 | 五里霧中 | 因果應報 | 作心三日 | 有口無言 |

21. 안개가 자욱하게 낀 상황처럼 일의 갈피나 사람의 행방을 알 수 없음을 비유함.

22. 잘못한 것이 너무 분명해서 변명할 말이 없음을 비유함. 입이 있어도 할 말이 없다.

23. 좋은 일에는 좋은 결과가, 나쁜 일에는 나쁜 결과가 돌아 온다는 뜻. 원인과 결과는 서로 물린다.

24. 서로의 입장이 뒤바뀐 것이나 일의 차례가 뒤바뀐 것을 비유. 주인과 손님이 뒤바뀌다.

25. 무엇인가 해 보겠다고 마음을 먹지만 얼마 지나지 않아 포기하는 것을 비유.

답안

번호	01	02	03	04	05
답안	4	2	1	5	3
번호	06	07	08	09	10
답안	10	9	8	6	7
번호	11	12	13	14	15
답안	無用之物	馬耳東風	非一非再	沙上樓閣	十中八九
번호	16	17	18	19	20
답안	다	라	나	마	가
번호	21	22	23	24	25
답안	五里霧中	有口無言	因果應報	主客顚倒	作心三日

익힘문제 11회

모든 문항은 각 4점입니다.

(01~05) 다음 성어의 한글 독음을 쓰세요.

01. 家和萬事成 (   )

02. 苦盡甘來 (   )

03. 至誠感天 (   )

04. 過猶不及 (   )

05. 目不識丁 (   )

(06~10) 다음 성어와 관련된 문장을 연결하세요.

06. 燈下不明 (   )　　　　　　가. 작은 것을 탐내다 큰 것을 잃는다.

07. 百聞不如一見 (   )　　　　나. 서로서로 돕는다.

08. 四通八達 (   )　　　　　　다. 등잔 밑이 어둡다.

09. 相扶相助 (   )　　　　　　라. 사방으로 통하고 팔방으로 뚫리다.

10. 小貪大失 (   )　　　　　　마. 백 번 듣는 것 보다 한 번 보는 것이 낫다.

(11~15) 다음 중 함축이나 비유하고 있는 사자성어를 완성하세요(한글 독음).

11. 자신의 몸을 희생하여 옳은 일을 행한다는 말로 자신의 몸을 죽여 인(仁)을 이룬다.

⇨ 殺身_____

12. 세상사 좋은 일이 나쁜 일이 되기도 하고, 나쁜 일이 좋은 일이 되기도 하므로 미리 예측하기 어렵다는 뜻이다. 변방에 사는 노인의 말.

⇨ 塞翁＿＿＿＿

13. 자기 이익만 생각하고 행동하거나 자신에게만 이롭도록 억지로 꾸미는 것을 비유한 말로 제 논에 물대기라는 뜻이다.

⇨ 我田＿＿＿＿

14. 앞서 배운 것을 수시로 익혀서 그때마다 새로운 깨달음을 얻는 것으로. 옛것을 익혀 새것을 알다라는 뜻이다.

⇨ 溫故＿＿＿＿

15. 한 가지 일을 해서 두 가지 이익을 한 번에 얻는다는 것을 비유하는 말로 돌 하나로 두 마리 새를 잡는다는 뜻이다.

⇨ 一石＿＿＿＿

(16~20) 다음 풀이에 들어갈 알맞은 성어를 쓰세요.

16. '가는 말이 고와야 오는 말이 곱다.'라는 우리 속담을 한문으로 옮긴 성어다. 상대에게 예의를 지키면 상대도 그에 맞게 예의를 지킨다는 뜻으로 내가 남에게 말이나 행동을 좋게 해야 남도 나를 좋게 대한다는 말이다.

⇨ 去語固美, 來語＿＿＿＿

17. (　　　　　)은 《예기》의 다음 구절에 나왔다.
"아름다운 옥이라도 쪼고 다듬지 않으면 그릇이 되지 못하고, 사람은 배우지 않으면 도를 모른다. 이런 까닭으로 옛날에 왕이 된 자는 나라를 세우고 백성들에게 임금 노릇을 함에 가르침[敎]과 배움[學]을 우선으로 삼았다. (～이하 생략)
'남을 가르치는 일과 스승에게 배우는 일이 서로 도와서 자기의 학업을 증진시킨다'고 한다.

18. 정향(丁香) 잔가지에 맺힌 이슬 눈물처럼 떨어지네.

헤아릴 수 없는 내 수심 애간장은 토막이 나네.

이내 마음도 심약처럼 '(   )'하나 저기 저 풍경과는 아무 상관 없을지니.

고려말의 문신 이조년(1269~1343)은 '배꽃에 달이 밝게 비치고'라는 뜻의 '梨花에 月白하고'라는 평시조 마지막 구절을 '다정(多情)도 병이 되어 잠 못 들어 하노라'라고 읊었다.

19. 당나라 문장가 한유(韓愈)의 글 중에 "힘이 다 빠진 틈을 타면 '(   )'도 그 목숨을 제압할 수 있다."는 대목이 있고, 이것이 출전으로 보인다. 키가 석 자(三尺), 약 90cm 밖에 안 되는 어린아이를 가리킨다.

20. 중국 포털사이트에는 우리식 성어로 언급하면서 우리 TV 사극 프로그램에 나오는 '(   )'와 같은 뜻의 중국성어로 '易地而處'가 있다. '입장을 바꾸어 그 사람의 자리에서 보라'는 뜻이다. 이후 '易地而處'는 당나라 사학자 劉知畿(661~721)를 비롯하여 많은 글에 인용되었다.

[21~25] 다음 성어의 한글 독음을 완성하고 뜻을 간략히 쓰세요.

21. 破顔大笑 (   ) 뜻 :

22. 知過必改 (   ) 뜻 :

23. 莫上莫下 (   ) 뜻 :

24. 美風良俗 (   ) 뜻 :

25. 事必歸正 (   ) 뜻 :

답안

번호	답안	번호	답안
01	가화만사성	02	고진감래
03	지성감천	04	과유불급
05	목불식정	06	다
07	마	08	라
09	나	10	가
11	成仁	12	之馬
13	引水	14	知新
15	二鳥	16	方好
17	敎學相長	18	多情多感
19	三尺童子	20	易地思之
21	파안대소, 얼굴이 찢어질 정도로 크게 웃는다. 매우 즐거운 표정으로 활짝 웃는 모습을 비유.		
22	지과필개, 잘못을 알면 반드시 고친다. 자신이 무엇을 잘못했는지 알면 틀림없이 잘못을 바로 잡는다.		
23	막상막하, 위도 아니고 아래도 아니다. 우열이나 승부를 가리기 어려운 경우를 비유.		
24	미풍양속, 아름다운 기풍과 좋은 풍속. 오래전부터 전해 오는 아름답고 좋은 사회적 기풍과 습속을 일컫는 성어.		
25	사필귀정, 일은 반드시 옳은 이치로 돌아간다. 모든 일은 순리대로 제 길을 찾아가기 마련.		

모든 문항은 각 4점입니다.

(01~05) 다음 각 문장에 알맞은 답을 고르세요.

01. 최근 우리 사회의 큰 병폐인 사이비 언론들이 여러 가지 방법으로 여론과 민심을 왜곡하고 조작하는데 (   )는 기본이다.

① 孤軍奮鬪(고군분투)　　　　② 管鮑之交(관포지교)

③ 牽强附會(견강부회)　　　　④ 難兄難弟(난형난제)

⑤ 大器晚成(대기만성)

02. 다른 사람의 의견이나 충고 등을 무시하고 전혀 상대하지 않는 경우나 그런 사람을 비유하는 성어로 牛耳讀經(우이독경)과도 같은 의미의 성어는?

① 孟母三遷(맹모삼천)　　　　② 群鷄一鶴(군계일학)

③ 同價紅裳(동가홍상)　　　　④ 附和雷同(부화뇌동)

⑤ 馬耳東風(마이동풍)

03. 사슴을 보고 말이라고 우긴다는 뜻으로, 힘으로 남을 짓눌러 바보로 만들거나, 그릇된 일을 가지고 속여서 남을 죄에 빠트리는 것을 비유하는 성어는?

① 指鹿爲馬(지록위마)　　　　② 肝膽相照(간담상조)

③ 三顧草廬(삼고초려)　　　　④ 束手無策(속수무책)

⑤ 臥薪嘗膽(와신상담)

04. 큰 목적을 위해 아끼는 사람을 버린다는 뜻의 성어로 어린아이들까지 아는 유명한 성어다. 《삼국연의》 여러 장면 중 제갈량이 눈물을 흘리며 부하의 목을 베는 장면은 지금까지도 많은 독자를 감동시켰다. 특히 제갈량의 공정하고 엄정한 법 집행을 칭찬하는 사례로 높은 평가를 받는 대목이다.

① 轉禍爲福(전화위복)　　② 泣斬馬謖(읍참마속)　　③ 快刀亂麻(쾌도난마)

④ 螢雪之功(형설지공)　　⑤ 靑出於藍(청출어람)

05. 겉으로 보기에는 부드러우나 속은 꿋꿋하고 강하다는 뜻으로 약하고 부드러워 보이는 데 의지가 강한 사람을 비유하는 성어는?

① 人之常情(인지상정)　　② 臨機應變(임기응변)　　③ 賊反荷杖(적반하장)

④ 外柔內剛(외유내강)　　⑤ 螢雪之功(형설지공)

(06~10) 다음 성어의 한글 독음을 쓰세요.

06. 矯角殺牛 (　　　　　　　)

07. 金蘭之契 (　　　　　　　)

08. 螳螂拒轍 (　　　　　　　)

09. 四面楚歌 (　　　　　　　)

10. 緣木求魚 (　　　　　　　)

(11~15) 다음 문장을 한자(漢字)로 완성하세요.

11. 원수지간인 '오나라 사람과 월나라 사람이 같은 배를 탔다.'는 뜻으로 원수나 사이가 좋지 않은 사람이라도 위험에 처하면 서로 돕는다는 것을 비유한 성어를 (　　　　　)이(라)고 한다.

12. 조선 후기의 지리학자 이중환의 인문 지리서 《택리지》에 나오는 성어로 원래 함경도 사람의 강인한 성격을 평가하는 대목에서 나온 표현이다. 그 뒤 뜻이 변하여 볼썽사납게 서로 헐뜯거나 싸우는 것을 비유하게 되었다. 자기 이익을 위해 다투는 것을 비유하는 성어는? (　　　　　)

13. 좋지 않은 일이 계기가 되어 오히려 좋은 일이 생겼음을 비유하는 성어로 '실패는 성공의 어머니다.'는 격언도 있듯이 인생에서 성공의 보약은 실패라는 쓰라린 경험이다. 문제는 실패를 복으로 바꿀 수 있다는 자신감과 용기를 갖추느냐에 있다. 화가 바뀌어 복이 된다는 성어는? (   )

14. (   )은(는) 맹자가 천하를 제패하고 싶어 하는 제나라 선왕(宣王, 기원전 약 350~301)의 의중을 헤아리고 그의 야심을 꼬집어 비판하는 대목에서 나왔다. 나무에 올라가서 물고기를 구한다. 안되는 일을 굳이 하려는 행동을 비유하는 성어다.

15. '까마귀 날자 배 떨어진다.'라는 우리 속담을 한문으로 바꾼 것으로 아무 관계 없이 한 일이 공교롭게도 어떤 다른 일과 때를 같이하여 둘 사이에 무슨 관계라도 있는 듯한 혐의를 받든 것을 비유하는 말이다. 괜한 의심을 사지 않게 주의하라는 경고의 메시지도 함께 담고 있는 성어는? (   )

[16~20] 다음 성어와 관련 있는 문장을 연결하세요.

16. 螳螂拒轍(당랑거철)

가. 반딧불이와 눈으로 이룬 공부.
고생하면서 꾸준히 공부하여 성취함.

17. 同價紅裳(동가홍상)

나. 사마귀가 수레를 먹어서다.
강한 상대에게 무모하게 대드는 행위.

18. 臥薪嘗膽(와신상담)

다. 장작더미에서 자고 쓸개를 핥는다.
원수를 갚거나 마음먹은 일을 이루기 위해
온갖 어려움과 괴로움을 참고 견디는 것.

19. 浩然之氣(호연지기)

라. 같은 값이면 붉은 치마.
같은 조건이라면 보기 좋은 것을 갖고 싶어 하는 심리.

20. 螢雪之功(형설지공)

마. 하늘과 땅 사이에 가득 찬 넓고 큰 기운.
사람의 마음에 가득찬 넓고 크고 올바른 마음을 비유.

(21~25) 다음 성어를 한자(漢字)로 쓰세요.

21. 타산지석 (   )

22. 사면초가 (   )

23. 금의야행 (   )

24. 상전벽해 (   )

25. 금상첨화 (   )

답안

번호	01	02	03	04	05
답안	3	5	1	2	4
번호	06	07	08	09	10
답안	교각살우	금란지계	당랑거철	사면초가	연목구어
번호	11	12	13	14	15
답안	吳越同舟	泥田鬪狗	轉禍爲福	緣木求魚	烏飛梨落
번호	16	17	18	19	20
답안	나	라	다	마	가
번호	21	22	23	24	25
답안	他山之石	四面楚歌	錦衣夜行	桑田碧海	錦上添花

01. 다음 빈칸에 공통적으로 들어갈 한자로 맞은 것을 고르세요.

고(苦)	진(盡)	( )	래(來)
		언(言)	
		이(利)	
		설(說)	

① 동(同)   ② 감(甘)   ③ 우(友)   ④ 대(大)

02. 다음 □에 공통적으로 들어갈 한자로 맞은 것을 고르세요.

□□익(益)선(善) / □재(才)□능(能)

① 대(大)   ② 소(小)   ③ 다(多)   ④ 거(巨)

03. 다음 뜻풀이를 읽고 □에 들어갈 한자를 보기에서 고르세요.

열 사람이 한술씩 보태면 한 사람 먹을 분량이 된다. ⇨ 십시일□(十匙一□)

① 두(頭)   ② 해(海)   ③ 심(心)   ④ 반(飯)

(04~07) 다음 문장을 각각 읽고 설명에 맞는 고사성어를 연결하세요.

04. 준비가 있으면 근심이 없음.   ① 시기상조(時機尚早)

05. 하는 말이 앞뒤가 맞지 않음.   ② 역지사지(易地思之)

06. 입장을 바꿔 생각함.   ③ 유비무환(有備無患)

07. 아직 때가 이름.   ④ 어불성설(語不成說)

08. 다음 밑줄 친 부분의 내용에 맞는 고사성어를 고르세요.

> 일찍 일어나서 아침 운동을 하니 밥맛도 좋고 머리도 맑아졌다.

① 기고만장(氣高萬丈)   ② 일석이조(一石二鳥)

③ 대의명분(大義名分)   ④ 선견지명(先見之明)

09. 다음 밑줄 친 부분의 내용에 맞는 고사성어를 고르세요.

> 체육대회 배구 시합에서 우리 청팀이 홍팀을 일방적으로 이기고 있었으나, 홍팀에서는 어찌할 방법이 없었다.

① 속수무책(束手無策)   ② 명실상부(名實相符)

③ 박장대소(拍掌大笑)   ④ 심사숙고(深思熟考)

(10~13) 다음 빈칸에 들어갈 한자를 쓰세요.

		죽(竹)	
천(天)	고(高)	10)	비(肥)
		고(故)	
교(交)	11)	이(以)	신(信)
		심(心)	
		12)	
		13)	

10.

11.

12.

13.

(14~15) 다음 내용을 읽고 밑줄 친 문장의 의미를 나타내는 고사성어를 고르세요.

> 사람들은 새해를 맞이하면 무엇인가를 새롭게 시작하려고 굳게 마음 먹고 자신에게는 물론 가족들과도 약속한다. 그러나 14) 그러한 결심은 대개 3일을 넘기지 못하고 깨지기 마련이다. 하지만 의지가 강한 사람들은 그러한 계획을 15) 처음부터 끝까지 지켜서 목표를 달성한다.

14. 그러한 결심은 대개 3일을 넘기지 못하고 깨지기 마련이다.

① 우왕좌왕(右往左往) ② 우유부단(優柔不斷)
③ 입신양명(立身揚名) ④ 작심삼일(作心三日)

15. 처음부터 끝까지 지켜서 목표를 달성한다.

① 부지기수(不知其數) ② 시종일관(始終一貫)
③ 주객전도(主客顚倒) ④ 호연지기(浩然之氣)

(16~20) 다음 내용을 읽고 해당 번호의 물음에 답하세요.

사람들은 자기가 받은 은혜에 대해서는 16) (   )의 자세로 갚아야 한다. 그리고 속담에 17) '뿌린 대로 거둔다.'는 말이 있는 것처럼 18) 선을 베풀고 악을 행하지 말아야 한다. 이것은 아무리 19) (   )처럼 세상의 변화가 심하더라도 변할 수 없는 오랜 세월 속의 영원한 진리 이니, 20) '일은 반드시 옳은 이치로 돌아간다.'는 말을 잊지 말아야 한다.

---

16. (   )에 들어갈 가장 적절한 고사성어를 고르세요.

① 결초보은(結草報恩)　　　　　② 개과천선(改過遷善)
③ 용두사미(龍頭蛇尾)　　　　　④ 일취월장(日就月將)

17. 밑줄 친 문장의 의미를 나타내는 고사성어를 고르세요.

① 자격지심(自激之心)　　　　　② 수수방관(袖手傍觀)
③ 인과응보(因果應報)　　　　　④ 견물생심(見物生心)

18. 밑줄 친 문장의 의미를 나타내는 고사성어를 고르세요.

① 경거망동(輕擧妄動)　　　　　② 권선징악(勸善懲惡)
③ 안하무인(眼下無人)　　　　　④ 적반하장(賊反荷杖)

19. (   )에 들어갈 가장 적절한 고사성어를 고르세요.

① 사상누각(沙上樓閣)　　　　　② 이실직고(以實直告)
③ 임기응변(臨機應變)　　　　　④ 상전벽해(桑田碧海)

20. 밑줄 친 문장의 의미를 나타내는 고사성어를 고르세요.

① 사필귀정(事必歸正)　　　　　② 임기응변(臨機應變)
③ 난공불락(難攻不落)　　　　　④ 살신성인(殺身成仁)

답안 : p.99

(01~05) 다음 문장을 각각 읽고 설명에 맞는 고사성어를 연결하세요.

01. 작은 것을 탐내다 큰 것을 잃는다. (　　)   ① 등하불명(燈下不明)

02. 서로서로 돕는다. (　　)   ② 백문불여일견(百聞不如一見)

03. 등잔 밑이 어둡다. (　　)   ③ 사통팔달(四通八達)

04. 사방으로 통하고 팔방으로 뚫리다. (　　)   ④ 상부상조(相扶相助)

05. 백 번 듣는 것보다 한 번 보는 것이 낫다. (　　)   ⑤ 소탐대실(小貪大失)

(06~09) 다음 뜻풀이를 읽고 밑줄에 들어갈 한자를 쓰세요.

06. '자신의 몸을 죽여 인(仁)을 이룬다.'는 뜻으로, 자신의 몸을 희생하여 옳은 일을 행하는 것을 의미한다.

⇨ 殺身_____

07. '변방에 사는 노인의 말'이라는 뜻으로, 좋은 일이 나쁜 일이 되기도 하고 나쁜 일이 좋은 일이 되기도 하므로 세상사를 미리 예측하기 어렵다는 의미이다.

⇨ _____之馬

08. '제 논에 물 대기'라는 뜻으로, 자기 이익만 생각하고 행동하거나 자신에게만 이롭도록 억지로 꾸미는 것을 비유하는 말이다.

⇨ 我田_____

09. '옛것을 익혀 새것을 알다.'라는 뜻으로, 앞서 배운 것을 수시로 익혀서 그때마다 새로운 깨달음을 얻는 것을 의미한다.

⇨ _____知新

(10~14) 다음 설명을 읽고 괄호에 들어갈 고사성어의 한글 독음을 쓰세요.

10. (   )는 '가는 말이 고와야 오는 말이 곱다'라는 우리 속담을 한문으로 옮긴 성어다. 상대에게 예의를 지키면 상대도 그에 맞게 예의를 지킨다는 뜻으로, 내가 남에게 말이나 행동을 좋게 해야 남도 나를 좋게 대한다는 말이다.

11. (   )은 《예기》의 다음 구절에 나왔다.
"아름다운 옥이라도 쪼고 다듬지 않으면 그릇이 되지 못하고, 사람은 배우지 않으면 도를 모른다. 이런 까닭으로 옛날에 왕이 된 자는 나라를 세우고 백성들에게 임금 노릇을 함에 가르침[敎]과 배움[學]을 우선으로 삼았다. ~ (이하 생략)"
'남을 가르치는 일과 스승에게 배우는 일이 서로 도와서 자기의 학업을 증진시킨다'고 한다.

12. 정향(丁香) 잔가지에 맺힌 이슬 눈물처럼 떨어지네.
헤아릴 수 없는 내 수심 애간장은 토막이 나네.
이내 마음도 심약처럼 (   )하나
저기 저 풍경과는 아무 상관 없을지니.
고려말의 문신 이조년(1269~1343)은 '배꽃에 달이 밝게 비치고'라는 뜻의 '梨花에 月白하고'라는 평시조의 마지막 구절을 '다정(多情)도 병이 되어 잠 못 들어 하노라'라고 읊었다.

13. 당나라 문장가 한유(韓愈)의 글 중에 "힘이 다 빠진 틈을 타면 (   )도 그 목숨을 제압할 수 있다."는 대목이 있고, 이것이 출전으로 보인다. 키가 석 자, 즉 약 90cm 밖에 안 되는 어린아이를 가리킨다.

14. (   )와 같은 뜻의 중국 성어로 '易地而處'가 있으며, '입장을 바꾸어 그 사람의 자리에 서 보라'는 뜻이다. 이후 '易地而處'는 당나라 사학자 劉知幾(661~721)를 비롯하여 많은 글에 인용되었다.

(15~20) 괄호 안에 고사성어의 한글 독음을 적고, 뜻을 간략히 서술하세요.

15. 破顔大笑(   ) 뜻 :

16. 知過必改(   ) 뜻 :

17. 莫上莫下(   ) 뜻 :

18. 美風良俗(   ) 뜻 :

19. 事必歸正(   ) 뜻 :

20. 目不識丁(   ) 뜻 :

(01~03) 다음 빈칸에 들어갈 한자를 쓰세요.

			01)	형(兄)	01)	제(弟)
			공(攻)			
		목(目)	불(不)	식(識)	02)	
오(烏)	비(飛)	이(梨)	03)			

01.   02.   03.

04. 다음 밑줄 친 고사성어의 의미로 옳은 것은 고르세요.

> 정식이는 이해력이 빨라 문일지십(聞一知十)하는 학생이다.

① 유추하는 능력이나 재능이 뛰어난 사람   ② 행동이 빠르고 실천력이 좋은 사람

③ 생명 애호 정신이 강한 사람   ④ 친구들 간에 신뢰가 좋은 사람

05. 다음 의미를 나타내는 고사성어를 고르세요.

> • 푸른색은 쪽빛에서 나오지만 쪽빛보다 푸르다.
>
> • 제자가 스승보다 뛰어남을 비유.

① 청출어람(靑出於藍)   ② 온고지신(溫故知新)

③ 상부상조(相扶相助)   ④ 지피지기(知彼知己)

06. 다음 중 구체적인 사람 이름(인명)을 사용한 고사성어가 <u>아닌</u> 것을 고르세요.

① 맹모삼천(孟母三遷)　　　　② 백아절현(伯牙絕絃)

③ 금의야행(錦衣夜行)　　　　④ 계포일낙(季布一諾)

07. 다음 중 뜻이 유사한 고사성어를 연결한 것으로 <u>틀린</u> 것을 고르세요.

① 고식지계(姑息之計) − 구상유취(口尙乳臭)

② 난형난제(難兄難弟) − 막상막하(莫上莫下)

③ 풍전등화(風前燈火) − 누란지위(累卵之危)

④ 고장난명(孤掌難鳴) − 독목불성림(獨木不成林)

(08~09) 다음 일화를 읽고 물음에 답하세요.

> 변경에 사는 한 늙은이가 기르던 말이 도망갔다가 준마(駿馬)를 데리고 돌아왔다. 그의 아들이 말을 타다가 떨어져 절름발이가 되었다. <u>그런데 전쟁터에 징집되지 않음으로써 마침내 죽음을 면하게 되었다.</u>
>
> *준마(駿馬) : 썩 잘 달리는 말
> *징집(徵集) : 장정을 현역에 복무에 의무를 부과하여 불러모음

08. 위 일화에서 유래된 고사성어를 고르세요.

① 새옹지마(塞翁之馬)　　　　② 지성감천(至誠感天)

③ 광음여류(光陰如流)　　　　④ 삼성오신(三省吾身)

09. 윗글의 밑줄 친 부분의 의미와 가장 가까운 고사성어를 고르세요.

① 사통팔달(四通八達)　　　　② 전화위복(轉禍爲福)

③ 정문일침(頂門一針)　　　　④ 교학상장(敎學相長)

[10~12] 다음 우화를 읽고 물음에 답하세요.

> 한 노인이 집 앞에 큰 산이 있어 햇빛을 가로 막고 있자, 산을 옮기겠다고 하면서 날마다 한 삽씩 떠서 옮기자, <u>산신령이 놀라서 스스로 산을 옮겨갔다.</u>

10. 위 우화의 내용을 요약할 수 있는 고사성어를 고르세요.

① 정문일침(頂門一針)　　　　② 우공이산(愚公移山)

③ 타산지석(他山之石)　　　　④ 파죽지세(破竹之勢)

11. 윗글의 밑줄 친 부분의 의미와 가장 가까운 고사성어를 고세요.

① 적반하장(賊反荷杖)　　　　② 호연지기(浩然之氣)

③ 지성감천(至誠感天)　　　　④ 주객전도(主客顚倒)

12. 윗글을 읽고 얻을 수 있는 교훈으로 가장 적절한 것을 고르세요.

① 나이 많은 노인이 산을 옮기겠다고 하니 삼척동자(三尺童子)도 웃을 일이다.

② 자기 목표를 향해 시종일관(始終一貫) 노력하는 자세가 필요하다.

③ 사람이 헛된 꿈을 가지면 노력도 도로무공(徒勞無功)이다.

④ 목표를 세우면 일사천리(一瀉千里)로 나아가야 한다.

[13~14] 다음 글을 읽고 물음에 답하세요.

> 초(楚)나라에 제사 지내는 사람이 큰 잔에 술을 따라 집안 사람들에게 주었는데, 몇 사람이 마시기에는 부족했고 한 사람이 마시기에는 남았다. 그러자 한 사람이 땅에 뱀을 그리는 데, 먼저 그린 사람이 술을 마시게 하자고 청했다.
> 한 사람이 먼저 뱀을 완성해 술잔을 들고 마시려 하면서, 왼손에 잔을 들고 오른손으로 뱀을 그리면서 말하기를, "나는 (뱀의) 발도 그릴 수 있다."고 했는데 (발을) 아직 다 그리지 못했다.

그러자 다른 사람이 뱀을 완성하고 술잔을 빼앗아 들고 말하기를, "뱀은 참으로 발이 없는데 그대는 어찌 그릴 수 있다고 하는가?"라고 하면서 마침내 그 술을 마셔버렸다. 뱀의 발을 그리던 사람은 그 술을 마시지 못했다.

13. 윗글의 내용에서 유래된 고사성어를 고르세요.

① 화사첨족(畵蛇添足)　　　② 낭중지추(囊中之錐)

③ 승승장구(乘勝長驅)　　　④ 여리박빙(如履薄氷)

14. 윗글의 내용이 제시해 주는 교훈으로 적절한 사자성어를 고르세요.

① 발분망식(發憤忘食)　　　② 공중누각(空中樓閣)

③ 과유불급(過猶不及)　　　④ 모수자천(毛遂自薦)

(15~16) 다음 문장을 읽고 물음에 답하세요.

선형과 재현이는 여름 방학을 맞아 충무공 이순신의 유적지를 답사하면서 (ㄱ)국사책과 말로만 듣던 이순신 장군의 행적을 눈으로 직접 확인하고, 나라를 위해 (ㄴ)목숨을 아끼지 않고 대의(大義)를 실천한 것에 마음이 숙연해졌다.

15. 밑줄 친 (ㄱ)을 한문 성어로 바꾸었을 때 가장 적절한 것을 고르세요.

① 농부아사침궐종자(農夫餓死枕厥種子)

② 우자패지어역리(愚者敗之於逆理)

③ 백문불여일견(百聞不如一見)

④ 거어고미래어방호(去語固美來語方好)

16. 밑줄 친 (ㄴ)을 고사성어로 바꾸었을 때 가장 적절한 것을 고르세요.

① 사생취의(捨生取義)　　　　　② 쾌도난마(快刀亂麻)

③ 오월동주(吳越同舟)　　　　　④ 유야무야(有耶無耶)

[17~20] 다음 비유적 표현의 고사성어가 의미하는 속뜻을 〈보기〉에서 찾아 바르게 연결하세요.

〈보기〉

① 잔꾀로 남을 속이는 것을 비유.

② 관계없는 일이 우연히 동시에 일어나 괜히 의심을 받는 상황을 비유.

③ 매우 위험하거나 오래 견디지 못할 상황을 비유.

④ 따끔한 충고나 교훈을 비유.

⑤ 서로 떨어질 수 없는 밀접한 관계를 비유.

17. 순망치한(脣亡齒寒) : 입술이 없어지면 이가 시리다. (　　　)

18. 정문일침(頂門一針) : 정수리에 침을 놓는다. (　　　)

19. 오비이락(烏飛梨落) : 까마귀 날자 배 떨어진다. (　　　)

20. 조삼모사(朝三暮四) : 아침에 세 개 저녁에 네 개를 준다. (　　　)

[21~23] 다음 설명을 읽고 괄호에 들어갈 고사성어의 한글 독음을 쓰세요.

21. 원수지간인 '오나라 사람과 월나라 사람이 같은 배를 탔다'는 뜻으로 원수나 사이가 좋지 않은 사람이라도 위험에 처하면 서로 돕는다는 것을 비유한 성어를 (　　　　　　)이(라)고 한다.

22. (　　　　　　)는 조선 후기의 지리학자 이중환의 인문 지리서 《택리지》에 나오는 성어로, 원래 함경도 사람의 강인한 성격을 평가하는 대목에서 나온 표현이다. 그 뒤 뜻이 변하여 볼썽나답게 서로 헐뜯거나 싸우는 것을 비유하게 되었다.

23. (　　　　　　　)은(는) 맹자가 천하를 제패하고 싶어 하는 제나라 선왕(宣王, 기원전 약 350~301)의 의중을 헤아리고 그의 야심을 꼬집어 비판하는 대목에서 나왔다. '나무에 올라가서 물고기를 구한다'는 뜻으로, 안 되는 일을 굳이 하려는 행동을 비유하는 성어이다.

[24~25] 다음 고사성어의 한글 독음을 쓰세요.

24. 矯角殺牛(　　　　　　　)

25. 螳螂拒轍(　　　　　　　)

1회 답안

번호	01	02	03	04	05	06	07	08	09	10
답안	2	3	4	3	4	2	1	2	1	馬
번호	11	12	13	14	15	16	17	18	19	20
답안	友	傳	心	4	2	1	3	2	4	1

2회 답안

번호	답안	번호	답안	번호	답안	번호	답안
01	5	02	4	03	1	04	3
05	2	06	成仁	07	塞翁	08	引水
09	溫故	10	거어고미, 내어방호	11	교학상장	12	다정다감
13	삼척동자	14	역지사지				
15	파안대소 / 얼굴이 찢어질 정도로 크게 웃는다. 매우 즐거운 표정으로 활짝 웃는 모습을 비유.						
16	지과필개 / 잘못을 알면 반드시 고친다. 자신이 무엇을 잘못했는지 알면 틀림없이 잘못을 바로 잡는다는 뜻의 성어이다.						
17	막상막하 / 위도 아니고 아래도 아니다. 우열이나 승부를 가리기 어려운 경우를 비유하는 성어이다.						
18	미풍양속 / 아름다운 기풍과 좋은 풍속. 오래전부터 전해 오는 아름답고 좋은 사회적 기풍과 습속을 일컫는 성어이다.						
19	사필귀정 / 일은 반드시 옳은 이치로 돌아간다. 모든 일은 순리대로 제 길을 찾아가기 마련이라는 뜻의 성어이다.						
20	목불식정 / 눈으로 보고도 '정(丁)' 자를 못 알아보다. 글자를 전혀 모르는 까막눈을 비유하는 성어이다.						

3회 답안

번호	01	02	03	04	05	06	07	08	09	10
답안	難	丁	落	1	1	3	1	1	2	2
번호	11	12	13	14	15	16	17	18	19	20
답안	3	2	1	3	3	1	4	3	2	1
번호	21		22		23		24		25	
답안	오월동주		이전투구		연목구어		교각살우		당랑거철	

제1회 화순군 청소년 '알자쓰자 고사성어' 경연대회

초등부(25문항) : 모든 문항은 각 4점입니다.

(01~05) 다음 성어의 한글 독음을 쓰세요.

01. 無用之物 (   )

02. 馬耳東風 (   )

03. 非一非再 (   )

04. 沙上樓閣 (   )

05. 十中八九 (   )

(06~13) 다음의 내용을 읽고 맞는 답을 고르세요.

06. 고사성어 竹馬故友(죽마고우)의 뜻을 고르세요.

① 공들여 쌓은 탑은 무너지지 않는다.

② 큰 목적을 위해 자기가 아끼는 사람을 버린다.

③ 어떤 일을 하기에 아직 적절한 때가 되지 않았다.

④ 어릴 때부터 사귀어 온 오랜 친구를 뜻한다.

07. '거침없이 맹렬하게 나아가는 모습'을 뜻하는 고사성어를 고르세요.

① 파안대소   ② 파죽지세   ③ 난공불락   ④ 군계일학

08. '명예나 부, 지위를 얻어 사회적으로 출세하는 것'을 비유하는 고사성어를 고르세요.

① 입춘대길   ② 입신양명   ③ 일취월장   ④ 임전무퇴

100

09. 고사성어 浩然之氣(호연지기)의 뜻을 고르세요.

① 좋지 않은 일이 계기가 되어 오히려 좋은 일이 생김.

② 서로의 입장이 뒤바뀌거나 일의 차례가 뒤바뀐 것.

③ 제자가 스승보다 뛰어남.

④ 사람의 마음에 가득 찬 넓고 크고 올바른 마음.

10. 고사성어 螢雪之功(형설지공)의 뜻을 고르세요.

① 고생스럽게 꾸준히 공부하여 성취하는 것.

② 하늘조차 감동시키는 지극한 정성.

③ 잔꾀로 남을 속이는 것.

④ 헤아릴 수 없이 많은 사람이 모여 있는 모습.

11. '아침에 세 개, 저녁에 네 개의 잔꾀로 남을 속이는 것'을 비유하는 고사성어를 고르세요.

① 임기응변   ② 조삼모사   ③ 막무가내   ④ 구사일생

12. '하늘은 높고 말은 살찐다.'를 뜻하는 고사성어를 고르세요.

① 풍전등화   ② 주마간산   ③ 천고마비   ④ 주마간산

13. '마음으로 마음을 전한다.'를 뜻하는 고사성어를 고르세요.

① 일취월장   ② 이심전심   ③ 적반하장   ④ 결자해지

[14~17] 다음 고사성어를 읽고 한글 독음으로 쓰세요.

14. 大器晩成 (   )   **15. 多多益善 (   )**

16. 同病相憐 (   )   **17. 甘言利說 (   )**

(18~20) 다음 내용을 읽고 맞는 고사성어를 한글 독음으로 쓰세요.

18. '갖고 싶어 하는 물건을 눈으로 직접 보면 갖고 싶은 마음이 생긴다'는 뜻의 고사성어를 한글 독음으로 쓰세요.

19. '묻는 말에는 아랑곳하지 않고 엉뚱한 답을 말하는 것'을 비유하는 고사성어를 한글 독음으로 쓰세요.

20. '앞으로 닥쳐 올 일을 미리 아는 지혜'를 가리키는 고사성어를 한글 독음으로 쓰세요.

(21~25) 다음 문제는 ○× 문제이다. 맞는 답에 (○) 틀린 답에 (×)를 하세요.

21. '그때그때 처한 형편에 따라 알맞게 일을 처리한다'는 뜻으로 갑작스러운 상황에서 빠르고 순발력 있게 행동하거나 대처하는 것을 비유하는 말을 [임기응변]이라고 한다. ( )

22. '달콤하고 이로운 말'이라는 뜻으로 귀가 솔깃하도록, 또는 마음이 움직이도록 비위를 맞추거나 이로운 조건을 들어 꾀하는 일을 비유하는 말을 [개과천선]이라 한다. ( )

23. '짙은 안개가 5리나 끼어 있는 가운데 있다'는 뜻으로 안개가 자욱하게 낀 상황처럼 일의 갈피나 사람의 행방을 알 수 없는 것을 비유하는 말을 [오리무중]이라 한다. ( )

24. '뽕나무 밭이 푸른 바다가 되다'는 뜻으로 세상이 몰라볼 정도로 달라졌음을 비유하는 말을 [상전벽해]라고 한다. ( )

25. '용의 머리에 뱀의 꼬리'라는 뜻으로 시작은 대단했으나 그 끝은 보잘것없음을 비유하는 말을 [용두사미]라고 한다. ( )

답안

번호	01	02	03	04	05
답안	무용지물	마이동풍	비일비재	사상누각	십중팔구
번호	06	07	08	09	10
답안	4	2	2	4	1
번호	11	12	13	14	15
답안	2	3	2	대기만성	다다익선
번호	16	17	18	19	20
답안	동병상련	감언이설	견물생심	동문서답	선견지명
번호	21	22	23	24	25
답안	○	×	○	○	○

제1회 화순군 청소년 '알자쓰자 고사성어' 경연대회

중등부(25문항) : 모든 문항은 각 4점입니다.

(01~05) 다음 성어의 한글 독음을 쓰세요.

01. 家和萬事成 (   )

02. 苦盡甘來 (   )

03. 至誠感天 (   )

04. 過猶不及 (   )

05. 目不識丁 (   )

(06~12) 다음 문장을 읽고 맞는 답을 찾아 쓰세요.

06. '가르치면서 배우고, 배우면서 가르치면 서로 성장할 수 있다.'는 뜻을 지닌 고사성어를 고르세요.

① 군위신강(君爲臣綱)   ② 금의야행(錦衣夜行)

③ 대기만성(大器晚成)   ④ 교학상장(教學相長)

07. '하나를 들으면 열을 안다.'는 뜻의 사자성어를 고르세요.

① 박장대소(拍掌大笑)   ② 문일지십(聞一知十)

③ 동병상련(同病相憐)   ④ 십중팔구(十中八九)

08. '세상사 좋은 일이 나쁜 일이 되기도 하고, 나쁜 일이 좋은 일이 되기도 하므로 미리 예측하기 어렵다.'는 뜻을 가진 사자성어를 고르세요.

① 시기상조(時機尙早)　　　　　② 속수무책(束手無策)

③ 새옹지마(塞翁之馬)　　　　　④ 아전인수(我田引水)

09. '늘 자신에게 잘못이 없는지 되돌아본다.'는 뜻의 성어를 고르세요.

① 삼성오신(三省吾新)　　　　　② 백문불여일견(百聞不如一見)

③ 비일비재(非一非再)　　　　　④ 사문난적(斯文亂賊)

10. '옛것을 익혀 새것을 알다.'는 뜻으로 앞서 배운 것을 수시로 익혀서 그때마다 새로운 깨달음을 얻는 것을 비유하는 사자성어를 고르세요.

① 역지사지(易地思之)　　　　　② 온고지신(溫故知新)

③ 와신상담(臥薪嘗膽)　　　　　④ 어부지리(漁父之利)

11. '잘못을 알면 반드시 고친다.'는 뜻을 가진 사자성어를 고르세요.

① 지과필개(知過必改)　　　　　② 지록위마(指鹿爲馬)

③ 쾌도난마(快刀亂麻)　　　　　④ 타산지석(他山之石)

12. '따끔한 충고나 교훈'을 비유하는 고사성어를 고르세요.

① 정문일침(頂門一針)　　　　　② 절치부심(切齒腐心)

③ 천편일률(千篇一律)　　　　　④ 어불성설(語不成說)

(13~20) 다음 중 함축이나 비유하고 있는 사자성어를 완성하세요(한글 독음).

13. '자신의 몸을 희생하여 옳은 일을 행한다.'는 말로 자신의 몸을 죽여 인(仁)을 이룬다.

⇨ 殺身 _____

14. '세상사 좋은 일이 나쁜 일이 되기도 하고, 나쁜 일이 좋은 일이 되기도 하므로 미리 예측하기 어렵다.'는 뜻으로 변방에 사는 노인의 말은?

⇨ 塞翁 _____

15. '자기 이익만 생각하고 행동하거나 자신에게만 이롭도록 억지로 꾸미는 것'을 비유한 말로 제 논에 물대기라는 뜻이다.

⇨ 我田 _____

16. '어려울 때나 좋을 때나 늘 같은 마음으로 함께 도우며 살아가는 사이'라는 뜻이다.

⇨ ___ 苦 ___ 樂

17. '한 가지 일을 해서 두 가지 이익을 한 번에 얻는 것'이라는 의미이며, 돌 하나로 두 마리 새를 잡는다는 뜻이다.

⇨ 一石 _____

18. '자세히 살피지 않고 대충대충 보며 지나가는 것'을 비유한다.

⇨ ___馬看山

19. '까마귀 날자 배 떨어진다' 라는 속담이다.

⇨ 烏___梨落

20. '둘이 다투는 사이 제3자가 이익을 얻는 것'을 비유한다.

⇨ _____

(21~25) 다음 문제는 ○×문제이다. 맞는 답에 (○) 틀린 답에 (×)를 하세요.

21. '눈으로 보고도 정(丁) 자를 못 알아본다.'는 뜻으로 '글자를 전혀 모르는 까막눈'을 비유하는 말을 [목불식정]이라 한다. (   )

22. '말 귀에 부는 동쪽 바람'이라는 뜻으로 '남의 비판이나 의견에 아랑곳하지 않은 채 흘려 버리고 무시하는 경우'를 비유하는 말을 [마행처 우역거]라고 한다. (   )

23. '호랑이를 말하면 호랑이가 오고, 사람을 말하면 사람이 온다.'는 뜻으로 '공교롭게도 그 사람이 나타나는 것을 비유하는 우리 속담으로 당사자가 없다고 해서 말을 함부로 하지 말라는 경계'의 뜻을 가진 속담을 [담호호지 담인인지]라고 한다. (   )

24. '정이 많고 감정이 풍부하다.'는 뜻으로 '사물이나 사람에 대해 애틋한 정이 많고 느낌이 풍부함'을 일컫는 성어를 [다재다능]이라 한다. (   )

25. '집안이 화목하면 모든 일이 잘 이루어진다.'는 뜻으로 '집안의 화목이 가정뿐만 아니라 인간관계, 사회관계에 영향을 미친다는 점을 강조'한 성어를 [가화만사성]이라고 한다. (   )

답안

번호	01	02	03	04	05
답안	가화만사성	고진감래	지성감천	과유불급	목불식정
번호	06	07	08	09	10
답안	4	2	3	1	2
번호	11	12	13	14	15
답안	1	1	성인	지마	인수
번호	16	17	18	19	20
답안	동	이조	주	비	어부지리
번호	21	22	23	24	25
답안	○	×	○	×	○

지필 기출문제

제1회 화순군 청소년 '알자쓰자 고사성어' 경연대회

고등부(25문항) : 모든 문항은 각 4점입니다.

(01~05) 다음 각 문장에 알맞은 답을 고르세요.

01. 최근 우리 사회의 큰 병폐인 사이비 언론들이 여러 가지 방법으로 여론과 민심을 왜곡하고 조작하는데 '(   )'는 기본이다.

① 孤軍奮鬪(고군분투)　　　　　② 管鮑之交(관포지교)

③ 牽強附會(견강부회)　　　　　④ 難兄難弟(난형난제)

⑤ 大器晩成(대기만성)

02. 다른 사람의 의견이나 충고 등을 무시하고 전혀 상대하지 않는 경우나 그런 사람을 비유하는 성어로 牛耳讀經(우이독경)과도 같은 의미의 성어는?

① 孟母三遷(맹모삼천)　　　　　② 群鷄一鶴(군계일학)

③ 同價紅裳(동가홍상)　　　　　④ 附和雷同(부화뇌동)

⑤ 馬耳東風(마이동풍)

03. 사슴을 보고 말이라고 우긴다는 뜻으로, 힘으로 남을 짓눌러 바보로 만들거나, 그릇된 일을 가지고 속여서 남을 죄에 빠트리는 것을 비유 하는 성어는?

① 指鹿爲馬(지록위마)　　　　　② 肝膽相照(간담상조)

③ 三顧草廬(삼고초려)　　　　　④ 束手無策(속수무책)

⑤ 臥薪嘗膽(와신상담)

04. 큰 목적을 위해 아끼는 사람을 버린다느 뜻의 성어로 어린아이들까지 아는 유명한 성어다.《삼국연의》여러 장면 중 제갈량이 눈물을 흘리며 부하의 목을 베는 장면은 지금까지도 많은 독자를 감동시켰다. 특히 제갈량의 공정하고 엄정한 법 집행을 칭찬하는 사례로 높은 평가를 받는 대목이다.

① 轉禍爲福(전화위복)　　　　　② 泣斬馬謖(읍참마속)

③ 快刀亂麻(쾌도난마)　　　　　④ 螢雪之功(형설지공)

⑤ 靑出於藍(청출어람)

05. 겉으로 보기에는 부드러우나 속은 꿋꿋하고 강하다는 뜻으로 약하고 부드러워 보이는데 의지가 강한 사람을 비유하는 성어는?

① 人之常情(인지상정)　　　　　② 臨機應變(임기응변)

③ 賊反荷杖(적반하장)　　　　　④ 外柔內剛(외유내강)

⑤ 螢雪之功(형설지공)

(06~10) 다음 성어의 한글 독음을 쓰세요.

06. 矯角殺牛 (　　　　　　　)　　　07. 金蘭之契 (　　　　　　　)

08. 螳螂拒轍 (　　　　　　　)　　　09. 四面楚歌 (　　　　　　　)

10. 緣木求魚 (　　　　　　　)

(11~15) 다음 문장을 완성하세요(한자, 또는 한글 독음).

11. 원수지간인 '오나라 사람과 월나라 사람이 같은 배를 탔다'는 뜻으로 원수나 사이가 좋지 않은 사람이라도 위험에 처하면 서로 돕는다는 것을 비유한 성어를 (　　　　　)이(라)고 한다.

12. 조선 후기의 지리학자 이중환의 인문 지리서《택리지》에 나오는 성어로 원래 함경도 사람의 강인한 성격을 평가하는 대목에서 나온 표현이다. 그 뒤 뜻이 변하여 볼썽사납게 서로 헐뜯거나 싸우는 것을 비유하게 되었다. 자기 이익을 위해 다투는 것을 비유하는 성어는? (　　　　　　)

13. 좋지 않은 일이 계기가 되어 오히려 좋은 일이 생겼음을 비유하는 성어로 '실패는 성공의 어머니다'는 격언도 있듯이 인생에서 성공의 보약은 실패라는 쓰라린 경험이다. 문제는 실패를 복으로 바꿀 수 있다는 자신감과 용기를 갖추느냐에 있다. 화가 바뀌어 복이 된다는 성어는? (   )

14. (   )은(는) 맹자가 천하를 제패하고 싶어 하는 제나라 선왕(宣王, 기원전 약 350~301)의 의중을 헤아리고 그의 야심을 꼬집어 비판하는 대목에서 나왔다. 나무에 올라가서 물고기를 구한다. 안되는 일을 굳이 하려는 행동을 비유하는 성어다.

15. '까마귀 날자 배 떨어진다'는 우리 속담을 한문으로 바꾼 것으로 아무 관계 없이 한 일이 공교롭게도 어떤 다른 일과 때를 같이하여 둘 사이에 무슨 관계라도 있는 듯한 혐의를 받든 것을 비유하는 말이다. 괜한 의심을 사지 않게 주의하라는 경고의 메시지도 함께 담고 있는 성어는? (   )

(16~29) 다음 성어와 관련 있는 문장을 연결하세요.

16. 螳螂拒轍(당랑거철) (   )

가. 반딧불이와 눈으로 이룬 공부.
고생하면서 꾸준히 공부하여 성취함.

17. 同價紅裳(동가홍상) (   )

나. 사마귀가 수레를 먹아서다.
강한 상대에게 무모하게 대드는 행위.

18. 臥薪嘗膽(와신상담) (   )

다. 장작더미에서 자고 쓸개를 핥는다.
원수를 갚거나 마음먹은 일을 이루기 위해
온갖 어려움과 괴로움을 참고 견디는 것.

19. 浩然之氣(호연지기) (   )

라. 같은 값이면 붉은 치마.
같은 조건이라면 보기 좋은 것을
갖고 싶어 하는 심리.

20. 螢雪之功(형설지공) (   )

마. 하늘과 땅 사이에 가득 찬 넓고 큰 기운.
사람의 마음에 가득찬 넓고 크고
올바른 마음을 비유.

(21~25) 다음 성어를 한자(漢字)로 쓰세요.

21. 타산지석 (   )

22. 사면초가 (   )

23. 금의야행 (   )

24. 상전벽해 (   )

25. 금상첨화 (   )

답안

번호	01	02	03	04	05
답안	3	5	1	2	4
번호	06	07	08	09	10
답안	교각살우	금란지계	당랑거철	사면초가	연목구어
번호	11	12	13	14	15
답안	吳越同舟	泥田鬪狗	轉禍爲福	緣木求魚	烏飛梨落
번호	16	17	18	19	20
답안	나	라	다	마	가
번호	21	22	23	24	25
답안	他山之石	四面楚歌	錦衣夜行	桑田碧海	錦上添花

01. '귀가 솔깃하도록 비위를 맞추거나 이로운 조건을 들어 꾀하는 일'을 비유하는 고사성어를 [개과천선]이라고 한다. (○ ×)

02. '세상이 몰라볼 정도로 달라졌음'을 비유하는 말을 [상전벽해]라고 한다. (○ ×)

03. '뿌린 대로 거둔다'는 말의 뜻과 가까운 고사성어를 고르세요.

① 자격지심(自激之心)   ② 수수방관(袖手傍觀)

③ 인과응보(因果應報)   ④ 견물생심(見物生心)

04. '일은 반드시 옳은 이치로 돌아간다'는 뜻의 고사성어를 고르세요.

① 사필귀정(事必歸正)   ② 임기응변(臨機應變)

③ 난공불락(難攻不落)   ④ 살신성인(殺身成仁)

05. '天高馬肥'의 한글 독음을 쓰세요. (   )

06. '오만함이 하늘을 찌를 정도 기가 만길이나 뻗치다.'라는 뜻을 가진 고사성어의 한글 독음을 쓰세요. (   )

07. 형설지공(螢雪之功)의 뜻과 가장 가까운 것을 고르세요.

① 고생스럽게 꾸준히 공부하여 성취하는 것   ② 하늘조차 감동시키는 지극한 정성

③ 잔꾀로 남을 속이는 것   ④ 헤아릴 수 없이 많은 사람이 모여 있는 모습

08. 浩然之氣 (호연지기)의 뜻과 가장 가까운 것을 고르세요.

① 좋지 않은 일이 계기가 되어 오히려 좋은 일이 생김.

② 서로의 입장이 뒤바뀐 것이나 일의 차례가 뒤바뀐 것.

③ 제자가 스승보다 뛰어남.

④ 사람의 마음에 가득 찬 넓고 크고 올바른 마음.

09. '勸善懲惡'의 한글 독음을 쓰세요. (   )

10. '몸과 마음이 힘들고 초조하여 애가 타는 모습'을 뜻하는 고사성어의 한글 독음을 쓰세요.
(   )

11. 경거망동(輕擧妄動)의 뜻과 가장 가까운 것을 고르세요.

① 도리나 사정을 생각하지 않고 함부로 가볍게 말하고 행동함.

② 한 번 약속한 것은 반드시 지킴.

③ 시간이 아주 빠르게 지나감.

④ 손바닥 하나로는 소리가 나지 않음

12. □□익(益)선(善) / □재(才)□능(能)에서 빈칸에 공통적으로 들어갈 한자를 고르세요.

① 대(大)   ② 소(小)

③ 다(多)   ④ 거(巨)

13. '沙上樓閣'의 한글 독음을 쓰세요. (   )

14. '학문이 넓고 아는 것이 많다.'는 뜻을 가진 고사성어의 한글 독음을 쓰세요. (   )

15. '五里霧中'의 한글 독음을 쓰세요. (   )

16. '앞서 배운 것을 수시로 익혀서 그때마다 늘 새로운 깨달음을 얻는 것'을 비유하는 뜻을 가진 고사성어의 한글 독음을 쓰세요. (   )

17. 다음 중 반대어(상대어)를 사용한 고사성어가 <u>아닌</u> 것을 고르세요.

① 동문서답(東問西答)　　　　　② 사리사욕(私利私慾)

③ 외유내강(外柔內剛)　　　　　④ 소탐대실(小貪大失)

18. 다음 밑줄 친 부분의 내용에 맞는 고사성어를 고르세요.
체육대회 배구 시합에서 우리 청팀이 홍팀을 일방적으로 이기고 있었으나, 홍팀에서는 <u>어찌할 방법이 없었다.</u>

① 속수무책(束手無策)　　　　　② 명실상부(名實相符)

③ 박장대소(拍掌大笑)　　　　　④ 심사숙고(深思熟考)

19. '主客顚倒'의 한글 독음을 쓰세요. (   )

20. '세상의 온갖 고생을 다 겪었거나 세상 일에 경험이 많은 것'을 비유하는 뜻을 가진 고사성어의 한글 독음을 쓰세요. (   )

01. 다음 내용을 읽고 ( )에 들어가기에 가장 적절한 고사성어를 고르세요.

사람들은 자기가 받은 은혜에 대해서는 (   )의 자세로 갚아야 한다.

① 結草報恩   ② 改過遷善   ③ 龍頭蛇尾   ④ 日就月將

02. '거침없이 맹렬하게 나아가는 모습'을 뜻하는 고사성어를 고르세요.

① 破顔大笑   ② 破竹之勢   ③ 難攻不落   ④ 群鷄一鶴

03. '앞으로 닥쳐올 일을 미리 아는 지혜'를 뜻하는 '□□之明'에서 빈칸에 들어갈 한자를 쓰세요.
(   )

04. '인재로 성장하는 데 시간이 걸린다'라는 의미를 가지는 '大器□□'에서 빈칸에 들어갈 한자를
쓰세요. (   )

답안

번호	01	02	03	04	05
답안	X	O	3	1	천고마비
번호	06	07	08	09	10
답안	기고만장	1	4	권선징악	노심초사
번호	11	12	13	14	15
답안	1	3	사상누각	박학다식	오리무중
번호	16	17	18	19	20
답안	온고지신	2	1	주객전도	산전수전
번호	심화 01	심화 02	심화 03	심화 04	
답안	1	2	先見	晚成	

01. '사물이나 사람에 대해 애틋한 정이 많고 느낌이 풍부함'을 뜻하는 고사성어를 [다재다능]이라고 한다. (○   ×)

02. '글자를 전혀 모르는 까막눈'을 비유하는 고사성어를 [목불식정]이라고 한다. (○   ×)

03. '무슨 일이든 꾸준히 노력하면 결국 큰 일을 이룰 수 있다.'라는 뜻의 고사성어를 고르세요.

① 龍頭蛇尾(용두사미)　　　　② 束手無策(속수무책)

③ 支離滅裂(지리멸렬)　　　　④ 愚公移山(우공이산)

04. '따끔한 충고나 교훈'을 비유하는 고사성어를 고르세요.

① 頂門一針(정문일침)　　　　② 切齒腐心(절치부심)

③ 千篇一律(천편일률)　　　　④ 語不成說(어불성설)

05. '苦盡甘來'의 한글 독음을 쓰세요. (   )

06. '아름다운 기풍과 좋은 풍속'이라는 뜻을 가진 고사성어의 한글 독음을 쓰세요. (   )

07. '세상사 좋은 일이 나쁜 일이 되기도 하고, 나쁜 일이 좋은 일이 되기도 하므로 미리 예측하기 어렵다'는 뜻을 가진 고사성어를 고르세요.

① 時機尙早(시기상조)　　　　② 束手無策(속수무책)

③ 塞翁之馬(새옹지마)　　　　④ 我田引水(아전인수)

08. 조삼모사(朝三暮四)가 의미하는 속뜻으로 가장 적절한 것을 고르세요.

① 잔꾀로 남을 속이는 것.

② 관계없는 일이 우연히 동시에 일어나 괜히 의심을 받는 상황.

③ 매우 위험하거나 오래 견디지 못할 상황.

④ 서로 떨어질 수 없는 밀접한 관계.

09. '破顔大笑'의 한글 독음을 쓰세요. (   )

10. '작은 것을 탐내다 큰 것을 잃는다.'라는 뜻을 가진 고사성어의 한글 독음을 쓰세요. (   )

11. '제자가 스승보다 뛰어남'을 뜻하는 고사성어를 고르세요.

① 온고지신(溫故知新)　　　　② 청출어람(靑出於藍)

③ 상부상조(相扶相助)　　　　④ 지피지기(知彼知己)

12. 광음여류(光陰如流)의 뜻으로 가장 적절한 것을 고르세요.

① 풀을 묶어 은혜에 보답한다는 뜻

② 잘못을 고치고 착해진다는 말

③ 가볍게 멋대로 행동한다는 뜻

④ 세월(시간)이 흐르는 물과 같다는 뜻

13. '家和萬事成'이 한글 독음을 쓰세요. (   )

14. '가는 말이 고와야 오는 말이 곱다.'는 우리 속담을 한문으로 옮긴 성어로, '내가 남에게 말이나 행동을 좋게 해야 남도 나를 좋게 대한다.'는 뜻을 가진 고사성어의 한글 독음을 쓰세요.

(   )

15. '자세히 살피지 않고 대충대충 보며 지나가는 것'을 비유하는 고사성어인 □馬看山에서 빈칸에 들어갈 한자의 훈음을 쓰세요. (   )

16. '입술이 없어지면 이가 시리다.'는 뜻으로 '서로 떨어질 수 없는 밀접한 관계'를 비유하는 뜻을 가진 고사성어의 한글 독음을 쓰세요. (   )

17. 막상막하(莫上莫下)의 뜻과 가장 가까운 것을 고르세요.

① 목불식정(目不識丁)   ② 사통팔달(四通八達)
③ 외유내강(外柔內剛)   ④ 오십보백보(五十步百步)

18. 다음 중 '자기의 나쁜 생각과 행동을 고쳐서 더 좋은 사람이 되기 위한 심신수양'과 관계 없는 것을 고르세요.

① 지과필개(知過必改))   ② 삼성오신(三省吾身)
③ 사필귀정(事必歸正)   ④ 반구저기(反求諸己)

19. '서로서로 도와주는 것'을 뜻하는 고사성어인 □扶□助에서 빈칸에 공통으로 들어갈 한자의 훈음을 쓰세요. (   )

20. 다음 밑줄 친 내용과 관련 있는 고사성어의 한글 독음을 쓰세요.
그는 <u>친구의 충고를 전혀 귀담아 듣지 않았다.</u> (   )

심화문제

01. 다음 내용을 읽고 밑줄 친 부분과 관련된 고사성어를 고르세요.

그의 아들이 말을 타다가 떨어져 절름발이가 되었다. 그런데 전쟁터에 징집되지 않음으로써 마침내 죽음을 면하게 되었다.

① 四通八達   ② 轉禍爲福   ③ 敎學相長   ④ 日就月將

02. '처음부터 끝까지 같은 자세나 의지를 보이는 것'을 뜻하는 고사성어를 고르세요.

① 是是非非   ② 始終一貫   ③ 心機一轉   ④ 乘勝長驅

03. '지극한 정성이 하늘을 감동시킨다.'는 뜻을 가진 '至誠□□'에서 빈칸에 들어갈 한자를 쓰세요.
( )

04. '등잔 밑이 어둡다.'라는 의미를 가지는 '燈下□□'에서 빈칸에 들어갈 한자를 쓰세요. ( )

답안

번호	01	02	03	04	05
답안	X	O	4	1	고진감래
번호	06	07	08	09	10
답안	미풍양속	3	1	파안대소	소탐대실
번호	11	12	13	14	15
답안	2	4	가화만사성	거어고미, 내어방호	달릴 주(走)
번호	16	17	18	19	20
답안	순망치한	4	3	서로 상(相)	마이동풍
번호	심화 01	심화 02	심화 03	심화 04	
답안	2	2	感天	不明	

01. '손이 묶여 어찌할 수 없어 꼼짝 못하거나, 일이 잘못되어도 대책이 없는 상황'을 뜻하는 고사성어를 고르세요.

① 宋襄之仁(송양지인)　　　　② 束手無策(속수무책)

③ 袖手傍觀(수수방관)　　　　④ 十中八九(십중팔구)

02. '더 이상 물러설 수 없는 상황을 만들어 죽기를 각오하고 맞서 싸우는 것'을 형용하는 고사성어를 고르세요.

① 白骨難忘(백골난망)　　　　② 附和雷同(부화뇌동)

③ 背水之陣(배수지진)　　　　④ 斯文亂賊(사문난적)

03. '끼니마저 잊을 정도로 어떤 일에 열중하거나 분을 내는 모습'을 뜻하는 고사성어를 고르세요.

① 四面楚歌(사면초가)　　　　② 人之常情(인지상정)

③ 發憤忘食(발분망식)　　　　④ 時機尙早(시기상조)

04. '자신의 처지가 나아지면 남의 어려움을 생각하지 않는 것'을 비유하는 고사성어를 고르세요.

① 十匙一飯(십시일반)　　　　② 生死苦樂(생사고락)

③ 有口無言(유구무언)　　　　④ 我腹旣飽, 不察奴飢(아복기포, 불찰노기)

05. '伯牙絕絃'의 한글 독음을 쓰세요. (　　　　　　　)

06. 다음 내용과 관련 있는 고사성어의 한글 독음을 쓰세요.
그는 어려운 시험에 합격하여 높은 벼슬과 함께 명망을 누렸다. (　　　　　　　)

07. 다음 중 '교육의 중요성'을 뜻하는 고사성어를 고르세요.

① 國士無雙(국사무쌍)   ② 孟母三遷(맹모삼천)

③ 東奔西走(동분서주)   ④ 桃園結義(도원결의)

08. 다음 중 '친한 벗'을 뜻하지 않는 고사성어를 고르세요.

① 孤軍奮鬪(고군분투)   ② 管鮑之交(관포지교)

③ 金蘭之契(금란지계)   ④ 竹馬故友(죽마고우)

09. '畫蛇添足'의 한글 독음을 쓰세요. (   )

10. 다음 내용과 관련 있는 고사성어의 한글 독음을 쓰세요.
그는 퇴직 후 속세를 떠나 아무런 속박이 없는 곳에서 편안하게 살고 있다. (   )

11. '목숨을 버릴지언정 옳은 일을 한다.'는 뜻의 고사성어를 고르세요.

① 捨生取義(사생취의)   ② 沙上樓閣(사상누각)

③ 事必歸正(사필귀정)   ④ 山戰水戰(산전수전)

12. '한 가지 일에만 얽매여 발전을 모르는 속 좁은 사람 또는 요행을 바라는 심리'를 나타내는 고사
성어를 고르세요.

① 桑田碧海(상전벽해)   ② 守株待兔(수주대토)

③ 漁父之利(어부지리)   ④ 烏飛梨落(오비이락)

13. '毛遂自薦'의 한글 독음을 쓰세요. (   )

14. 다음 내용과 관련 있는 고사성어의 한글 독음을 쓰세요.
그는 국가를 위한 큰 목적을 위해 자기가 아끼는 사람을 버렸다. (   )

15. '정도(程度)를 지나침은 미치지 못함과 같다.'는 뜻의 고사성어인 '□猶不及'에서 빈칸에 들어갈 한자의 훈음을 쓰세요. (   )

16. '세 사람이 짜면 거리에 범이 나왔다는 거짓말도 꾸밀 수 있다.'는 뜻으로 '근거 없는 말이라도 여러 사람이 말하면 곧이 듣게 됨'을 이르는 고사성어의 한글 독음을 쓰세요. (   )

17. '백 번 꺾여도 굽히지 않는다.'는 뜻의 고사성어를 고르세요.

① 百折不掘(백절불굴)　　　　② 不知其數(부지기수)

③ 粉骨碎身(분골쇄신)　　　　④ 非一非再(비일비재)

18. 다음 중 '전쟁'에서 유래한 고사성어가 <u>아닌</u> 것을 고르세요.

① 背水之陣(배수지진)　　　　② 四面楚歌(사면초가)

③ 牛刀割鷄(우도할계)　　　　④ 合從連橫(합종연횡)

19. '농부는 굶어죽을지언정 그 씨앗을 베고 눕는다.'는 뜻의 '□□□□, 枕厥種子'에서 빈칸에 들어갈 말을 한글 독음으로 쓰세요. (   )

20. 다음 내용과 관련 있는 고사성어의 한글 독음을 쓰세요.
그는 말도 안 되는 논리를 억지로 끌어다 자기 주장의 근거로 삼는 데 일관했다. (   )

심화문제

01. 연목구어(緣木求魚)가 의미하는 속뜻으로 가장 적절한 것을 고르세요.

① 안 되는 일을 굳이 하려는 행동을 비유.

② 말이나 문장이 이치나 맥락에 맞지 않아 온전한 말이나 문장이 되지 않음.

③ 서로 떨어질 수 없는 밀접한 관계.

④ 어떤 일이나 상황이 자주 일어나는 것.

02. '작은 흠이나 문제를 고치려다가 오히려 일을 그르치는 것'을 비유하는 고사성어를 고르세요.

① 管鮑之交　　　② 矯角殺牛　　　③ 名實相符　　　④ 空中樓閣

03. '어지럽게 얽힌 사물이나 상황을 하나하나 풀지 않고 명쾌하게 처리함'을 뜻하는 고사성어인 '□□亂麻'에서 빈칸에 들어갈 한자를 쓰세요. (　　　　　)

04. '사람의 마음에 가득 찬 넓고 크고 올바른 마음'을 비유하는 고사성어인 '□□之氣'에서 빈칸에 들어갈 한자를 쓰세요. (　　　　　)

답안

번호	01	02	03	04	05	06
답안	2	3	3	4	백아절현	등용문
번호	07	08	09	10	11	12
답안	2	1	화사첨족	유유자적	1	2
답안	13	14	15	16	17	18
답안	모수자천	읍참마속	지날 과(過)	삼인성호	1	3
번호	19	20	심화 01	심화 01	심화 01	심화 01
답안	농부아사	견강부회	1	2	快刀	浩然

고사성어에는 공부와 관련된 사자성어가 많습니다. '공부(工夫)'는 '학문이나 기술을 배우고 익힘'이라는 뜻을 지니고 있습니다. 뜻풀이 및 의미를 생각하고 필사하면서 익혀봅시다.

1. **고궁독서**(固窮讀書) 어려운 처지에도 기꺼이 글을 읽음.

2. **고원난행**(高遠難行) 학문의 이치나 이상이 높고 멀어서 미치기 어려움.

3. **개권유익**(開卷有益) 책을 펴서 읽으면 반드시 이로움이 있다는 뜻으로, 독서를 권장하는 말.

4. **괄목상대**(刮目相對) 눈을 비비고 상대편을 본다는 뜻으로, 남의 학식이나 재주가 놀랄 만큼 부쩍 늚을 이르는 말.

5. **교학상장**(教學相長) 가르치는 일과 배우는 일이 모두 자신의 학업을 성장시킨다는 말.

6. **단기지계**(斷機之戒) 학문을 중도에서 그만두면 짜던 베의 날을 끊는 것처럼 아무 쓸모 없음을 경계한 말. 맹자가 공부하던 도중에 집에 돌아오자 맹자의 어머니가 짜던 베를 끊어 그를 훈계하였다는 데서 유래한다.

7. **독서삼도**(讀書三到) 독서를 하는 세 가지 방법을 일컫는 말로, 입으로 다른 말을 아니 하고 책을 읽는 구도(口到), 눈으로 다른 것을 보지 않고 책만 잘 보는 안도(眼到), 마음속에 깊이 새기는 심도(心到)를 이름.

8. **독서상우**(讀書尚友) 책을 읽음으로써 옛날의 현인들과 벗이 될 수 있음을 이르는 말.

9. **등화가친**(燈火可親) 등불을 가까이할 만하다는 뜻으로, 서늘한 가을밤은 등불을 가까이 하여 글 읽기에 좋음을 이르는 말.

10. **마천철연**(磨穿鐵硯) '쇠로 만든 벼루를 갈고 뚫는다'는 뜻으로 학문에 열심히 하여 딴 데 마음을 두지 않는 강한 의지를 비유하는 말.

11. **맹모삼천**(孟母三遷) 맹자가 어렸을 때 묘지 가까이 살았더니 장사 지내는 흉내를 내기에, 맹자 어머니가 집을 시장 근처로 옮겼더니 이번에는 물건 파는 흉내를 냄으로, 다시 글방이 있는 곳으로 옮겨 공부를 시켰다는 것으로, 맹자의 어머니가 아들을 가르치기 위하여 세 번이나 이사를 하였음을 이르는 말.

12. **발분망식**(發憤忘食) 끼니까지도 잊을 정도로 어떤 일에 열중하여 노력함.

13. **불철주야**(不撤晝夜) 어떤 일에 몰두하여 조금도 쉴 사이 없이 밤낮을 가리지 아니함.

14. **불치하문**(不恥下問) 손아랫사람이나 지위나 학식이 자기만 못한 사람에게 모르는 것을 묻는 일을 부끄러워하지 아니함.

15. **수도거성**(水到渠成) 물이 흐르면 자연히 도랑이 된다는 뜻으로, 때가 오면 일이 자연히 이루어지거나 학문을 열심히 닦아 조예가 깊어지면 명성이 저절로 난다는 말.

16. **수불석권**(手不釋卷) 손에서 책을 놓지 아니하고 늘 글을 읽음.

17. **수학무조**(修學務早) 학문의 수행은 기억력이 왕성한 소년 시대에 해야 한다는 뜻.

18. 숙독완미(熟讀玩味) 익숙하도록 읽어 뜻을 깊이 음미함.

19. 손강영설(孫康映雪) 어려운 가운데 열심히 공부함을 이르는 말. 중국 진(晉)나라의 손강이 몹시 가난하여 겨울밤에는 눈빛으로 공부하였다는 데서 유래한다.

20. 안투지배(眼透紙背) 눈빛이 종이의 뒷면까지 꿰뚫는다는 뜻으로, 책을 정독하여 그 내용을 정확하게 이해함을 이르는 말.

21. 영월독서(映月讀書) 달빛에 비추어 글을 읽는다는 뜻으로, 힘들고 불우한 환경에서도 힘써 공부하는 태도를 의미한다.

22. 영설독서(映雪讀書) 눈의 빛에 비추어서 글을 읽는다는 뜻으로, 어려운 환경에서 공부에 힘쓰는 모습을 이르는 말이다.

23. 온고지신(溫故知新) 옛것을 익히고 그것을 미루어서 새것을 앎.

24. 우각괘서(牛角掛書) '소의 뿔에 책을 걸다'라는 뜻으로, 시간을 아껴 오로지 공부하는 데 힘쓰는 태도를 비유하는 고사성어.

25. 월광독서(月光讀書) 달빛으로 책을 읽는다는 뜻으로, 집이 가난하여 고학함을 비유적으로 이르는 말.

26. 위편삼절(韋編三絶) 공자가 주역을 즐겨 읽어 책의 가죽끈이 세 번이나 끊어졌다는 뜻으로, 책을 열심히 읽음을 이르는 말.

27. 인추자자(引錐自刺) 공부하다가 잠이 오면 송곳으로 자기 몸을 찔러 잠을 깨게 하는 것.

28. 일취월장(日就月將) 나날이 다달이 자라거나 발전함.

29. 자강불식(自強不息) 스스로 힘써 몸과 마음을 가다듬어 쉬지 아니함.

30. 장수유식(藏修游息) 장수(藏修)는 학문을 정과로서 수습하는 일, 유식(游息)은 정과 이외의 휴식 시간에도 학문에 마음을 두는 일을 의미하여, 공부할 때는 물론 쉴 때에도 학문을 닦는 것을 항상 마음에 둔다는 뜻.

31. 절차탁마(切磋琢磨) 옥이나 돌 따위를 갈고 닦아서 빛을 낸다는 뜻으로, 부지런히 학문과 덕행을 닦음을 이르는 말.

32. 주경야독(晝耕夜讀) 낮에는 농사를 짓고, 밤에는 글을 읽는다는 뜻으로, 어려운 여건 속에서도 꿋꿋이 공부함을 이르는 말.

33. 차윤취형(車胤聚螢) 차윤이 반딧불을 모아 그 빛으로 글을 읽었다는 고사성어.

34. 착벽인광(鑿壁引光) '벽을 뚫고 불빛을 끌어들여 책을 읽는다'는 뜻으로 중국 전한 때 광형이란 사람이 집안이 가난하여 등불을 구할 길이 없어 벽을 뚫고 이웃집의 등불로 책을 읽었다는 데서 유래함. 흔히 어려운 환경을 극복하여 열심히 공부함을 일컫는 말.

35. 청경우독(晴耕雨讀) 날이 개면 논밭을 갈고 비가 오면 글을 읽는다는 뜻으로, 부지런히 일하며 공부함을 이르는 말.

36. 파별천리(跛鼈千里) 절름거리며 가는 자라도 천 리를 간다는 뜻으로, 어리석은 사람도 꾸준히 공부하면 성공한다는 비유하는 말.

37. 폐호선생(閉戶先生) 집 안에 틀어박혀 독서만 하는 사람을 놀림조로 이르는 말. 중국 한나라의 손경이라는 사람이 항상 문을 닫아걸고 글을 읽어서 사람들이 그를 '폐호선생'이라고 불렀다고 함.

38. 하학상달(下學上達) 아래를 배워 위에 도달한다는 뜻으로, 쉬운 지식을 배워 어려운 이치를 깨달음을 이르는 말.

39. 학여불급(學如不及) 학문은 쉬지 않고 노력해도 따라갈 수 없다는 뜻. 곧 학문은 잠시라도 게을리해서는 안 된다는 말.

40. 학불가이(學不可己) 학문은 잠시도 그쳐서는 안 됨.

41. 학여천정(學如穿井) 학문은 우물을 파는 것과 같다. 하면 할수록 어려워지는 것이 학문이라는 말.

42. 현가불철(絃歌不輟) '거문고를 타며 노래를 그치지 않는다'는 뜻으로, 어려움을 당해도 학문을 계속함을 이르는 말.

43. 현량자고(懸梁刺股) '머리카락을 대들보에 묶고, 허벅지를 송곳으로 찌른다'라는 뜻으로, 분발하여 학문에 정진하는 것을 비유하는 말.

44. 형설지공(螢雪之功) 반딧불, 눈과 함께하는 노력이라는 뜻으로, 고생을 하면서 부지런하고 꾸준하게 공부하는 자세를 이르는 말.

45. 호학불권(好學不倦) 배우기를 즐겨 게을리하지 않음.

46. 호학심사 심지기의(好學深思 心知其意) 배우기를 좋아하고 깊이 생각하면 마음으로 그 뜻을 알게 된다는 뜻.